DWEUD ein DWEUD

© Awdurdod Cwricwlwm ac Asesu Cymru, 1997
(Awduron y darnau a ddyfynnwyd yw perchenogion hawlfraint y darnau hynny.)
Ni cheir atgynhyrchu na chyhoeddi'r deunyddiau hyn heb ganiatâd perchennog yr hawlfraint.

Cyhoeddwyd gan Y Ganolfan Astudiaethau Addysg, Aberystwyth mewn partneriaeth â Choleg y Drindod, Caerfyrddin.

ISBN: 1 85644 906 8

CYDNABYDDIAETH
Dymunir diolch i'r canlynol am ganiatâd i atgynhyrchu deunydd yn y llyfr hwn.
Ni fu'n bosibl olrhain perchennog pob deunydd sydd yn y llyfr. Gwahoddir y perchenogion hynny i gysylltu â'r Ganolfan Astudiaethau Addysg.

RHYDDIAITH a SYNIADAU
Radio Ceredigion   21, 28
Disgyblion Ysgol Llanhari a'u hathrawon   30, 32 a 33
Gwyn Roberts   36–37
Disgyblion Ysgol Penglais a'u hathrawes Eurwen Llwyd Jones   39, 66
Luned Jones   42–43
Andras a Llio Millward   52–53
S4C   53, 56–59, 62, 63, 66
Disgyblion Ysgol Penweddig a'u hathro Dafydd Morse   54
Golwg   61
Liverpool Daily Post   67

LLINLUNIAU
Richard Huw Pritchard   6, 7, 10, 11, 13, 14, 16, 26, 27, 30, 31, 33, 44, 51, 53, 55, 56, 66
Elwyn Ioan   Doethyn a 24
Catrin Meirion   logo *Cyfres 2000*, y symbolau gweithgaredd

FFOTOGRAFFAU
Emrys Hughes   37
Golwg   40 (chwith), 41 (chwith), 42, 47, 49, 50, 58 (Jeff Morgan), 61, 62
Lawrence Griffiths, Empics   40 (de)
Rick Tomlinson, Marine Photography & Photo Library   41 (de)
Mary Beynon Davies   42
Y Cymro   45
Llio Millward   52
S4C   56, 57, 58, 59, 61, 62, 64
Rheilffordd Ffestiniog   69

Diolchir hefyd i Gloria Davies, Helen Lane, Llinos Lloyd a Katherine Tyrrell am eu harweiniad gwerthfawr.

AELODAU PANEL Y PROJECT		**TÎM CYNHYRCHU**
Cyfarwyddwr:	**Glyn Saunders Jones**	Llun a chynllun y clawr, a dylunio:
Ymgynghorwr:	**T Emrys Parry**	**Richard Huw Pritchard**
Cydgordiwr a Phrif Olygydd:	**Meinir McDonald**	Cysodi a pharatoi'r deunydd ar gyfer y wasg: **Eirlys Roberts**
Golygyddion:	**Gwilym Dyfri Jones**	
	Eirlys Roberts	Argraffu: **Y Lolfa**

DWEUD ein DWEUD

CYNNWYS

Sgwrsio	4
Llythyru	9
Cyfathrebu	14
Papurau a chylchgronau	15
Dyddiadur Digwyddiadau	18
Cyfarchion a Diolch	20
Posau	24
Hysbysebion	26
Colofn Gofidiau	30
Diddordebau	32
Ar Grwydr	36
Enwogion Byd Chwaraeon	40
Roc, Pop a Gwerin	45
Theatr	54
Rhaglenni S4C	55
Cyfresi teledu	56
Ffilmiau	60
Posau a Chwis	65
Newyddion	66
Atebion	72

Sgwrsio

Gwrandewch ar y tâp sain sy'n cyd-fynd â'r gyfres hon. Cewch glywed pobl yn cyfarch ei gilydd.

S'mae?

Helo!

Bore Da

Haia!

Sut hwyl?

Wyt ti'n gwybod . . . ?

Glywest ti am . . . ?

Gest ti amser da neithiwr?

Sut mae pawb?

Ble rwyt ti'n mynd?

Gredet ti byth . . . ?

Weloch chi'r rhaglen . . . ?

Ddarllenoch chi yn y papur . . . ?

Dyna beth rhyfedd ddigwyddodd . . . .

Choeli di byth . . . .

Hei, mae gen i stori dda . . .

Ble rwyt ti wedi bod?

Fuoch chi yn y dre?

Rhyw newydd?

Ma' stori dda 'da fi . . .

Wyddoch chi rywbeth o hanes . . . ?

Gawsoch chi wyliau da?

Fel yna mae sgwrs yn dechrau.

YSGRIFENNU

Ceisiwch gofio'ch sgyrsiau chi ddoe. Ysgrifennwch yn gryno â phwy y buoch chi'n siarad a beth oedd testun y sgwrs.

▲ Dyma Doethyn yn meddwl sut i wneud y dasg

Gartre' — amser brecwast?
　　Mam yn holi, yn ffws i gyd —
Ydy dy waith cartre' 'da ti?
　　Arian cinio?

Ar y bws — ffrindiau yn parablu
　　Welest ti'r rhaglen . . . ?
　　　Es i i'r clwb . . .
　　　　Roedd y ffilm 'na'n grêt . . .

　　　Gwers Gymraeg?　　siarad a mynegi barn . . .
Rwy'n meddwl bod . . .　　Darllenais i . . .　　Beth ydych chi'n ei feddwl?
Ydych chi'n cytuno . . . ?　　Rwy'n anghytuno . . .　　Dyw hyn'na ddim yn wir . . .

Mae Doethyn wedi llunio tabl i'ch helpu i gofnodi. Gwnewch dabl fel yr un isod a'i lenwi:

Ble?	Â phwy?	Am beth?
Gartref		
Ar y ffordd i'r ysgol		
Yn y gwersi		
Amser egwyl ac amser cinio		
Ar y ffordd adref		
Gartref		

Mae'n debyg eich bod wedi defnyddio'r ffurf Unigol 'ti' wrth sgwrsio â ffrind.
Mae'n siŵr eich bod wedi sgwrsio â rhywun hŷn na chi hefyd a defnyddio'r ffurf 'chi'.
Byddwch hefyd wedi defnyddio'r ffurf 'chi' wrth siarad â nifer o bobl.

DARLLEN

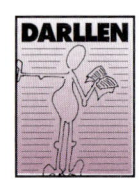

Fuoch chi'n siarad ar y ffôn ddoe?
Dyma Doethyn ar y ffôn:

(Brr . . . brr . . . brr . . . brr)

Doethyn: 574321. Helo!

Moi: ....

Doethyn: O! ti sy 'na Moi. S'mae?

Moi: ....

Doethyn: Ocê, diolch. Wyt ti'n gallu dod yma 'fory?

Moi: (SAIB) ....

Doethyn: Siŵr iawn. Tua faint o'r gloch?

Moi: ....

Doethyn: Tua hanner dydd. Grêt. Mi fydd hi'n braf. Awn ni i'r traeth? I nofio?

Moi: ....

Doethyn: Tan 'fory. Wela' i di. Hwyl!

Moi: ....

YSGRIFENNU

Copïwch y sgwrs ac ysgrifennu, yn y bylchau, beth fyddai Moi yn ei ddweud, yn eich barn chi. Pan fyddwn yn ysgrifennu sgwrs rydym yn ei gosod ar ffurf deialog.

HELP

Wrth ysgrifennu DEIALOG, mae angen:

▲ ysgrifennu'r geiriau fel y byddech chi'n eu dweud nhw

▲ rhoi llinell newydd pan fydd siaradwr newydd

▲ cadw lle ar ochr chwith y ddalen i roi enwau'r cymeriadau a dim byd arall

▲ ysgrifennu unrhyw gyfarwyddiadau mewn cromfachau rhag eu cymysgu â'r sgwrs, er enghraifft, (SAIB).

DARLLEN

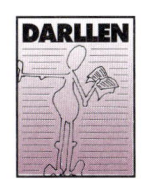

Nawr, gellwch ysgrifennu sgwrs ffôn â rhywun sy'n hŷn na chi. Dyma Rhys yn ateb y ffôn yn ei gartref. Mr Jones sydd ar y ffôn, gŵr sy'n chwarae golff gyda Mr Williams, tad Rhys.

(Brr . . . brr . . . brr . . .)

Rhys: 564723. Rhys Williams yn siarad.

Mr Jones: Helo Rhys. Dai Jones yma. Ga' i air hefo'ch tad?
Rhys: . . . .

Mr Jones: Ddim i mewn. Pryd bydd o gartre'? Fe alla' i ffonio yn hwyrach heno.
Rhys: . . . .

Mr Jones: Gymerwch chi neges 'ta?
Rhys: . . . .

Mr Jones: D'wedwch wrtho fo 'mod i'n trefnu twrnameint golff. Fe hoffwn iddo fo chwarae. Gofynnwch all o fy ffonio i ddechrau'r wythnos.
Rhys: . . . .

Mr Jones: Diolch yn fawr, Rhys.
Rhys: . . . .

Mr Jones: Nos da.
Rhys: . . . .

YSGRIFENNU

Copïwch y sgwrs ac ysgrifennu, yn y bylchau, beth yn eich barn chi byddai Rhys yn ei ddweud.

LLAFAR

Gyda phartner darllenwch eich sgyrsiau. Ydych chi wedi cofio defnyddio 'ti' yn y sgwrs gyntaf a 'chi' yn yr ail sgwrs? Da iawn!

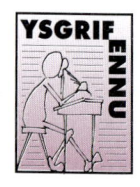

Edrychwch eto ar y cyfarchion sydd ar dudalen 4. Dewiswch:

(a) rai o'r cyfarchion y byddech chi yn eu defnyddio wrth sgwrsio â ffrind, y rhai llai ffurfiol. Ysgrifennwch sgwrs. Dylech ysgrifennu rhyw hanner tudalen.

Mae Doethyn wedi dechrau'r dasg i chi:

Partner A: Haia! Ble wyt ti'n mynd?
Partner B: I'r dre. Wyt ti'n dod?

(b) rai o'r cyfarchion fyddai'n addas mewn sgwrs gyda rhywun hŷn na chi, cymydog neu berthynas neu un o'r athrawon. Ysgrifennwch sgwrs, rhyw hanner tudalen eto.

Dyma Doethyn i'ch helpu eto:

Partner A: Bore da. Sut ydych chi?
Partner B: Iawn diolch, a chitha'? Croeso nôl adre. Gawsoch chi wyliau da?

Cofiwch eich bod yn defnyddio berfau unigol gyda 'ti' a berfau lluosog gyda 'chi'.
Dyma dabl i'ch helpu:

cyfarchion: y geiriau rydym yn eu defnyddio wrth gwrdd â rhywun.

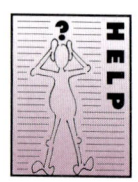

Unigol	Lluosog
gredet ti	gredech chi
wyt ti	ydych chi
est ti	aethoch chi
wnest ti	wnaethoch chi
gwrddest ti	gwrddoch chi
glywest ti	glywoch chi
gest ti	gawsoch chi
ddarllenest ti	ddarllenoch chi
fuost ti	fuoch chi
welest ti	weloch chi
wyddost ti	wyddoch chi

Llythyru

DARLLEN

Ambell waith, efallai nad yw'n gyfleus i ddefnyddio'r ffôn. Bryd hynny mae'n siŵr y byddech yn ysgrifennu llythyr.

Dyma Doethyn i'ch atgoffa o batrwm llythyr:

penglog: esgyrn y pen

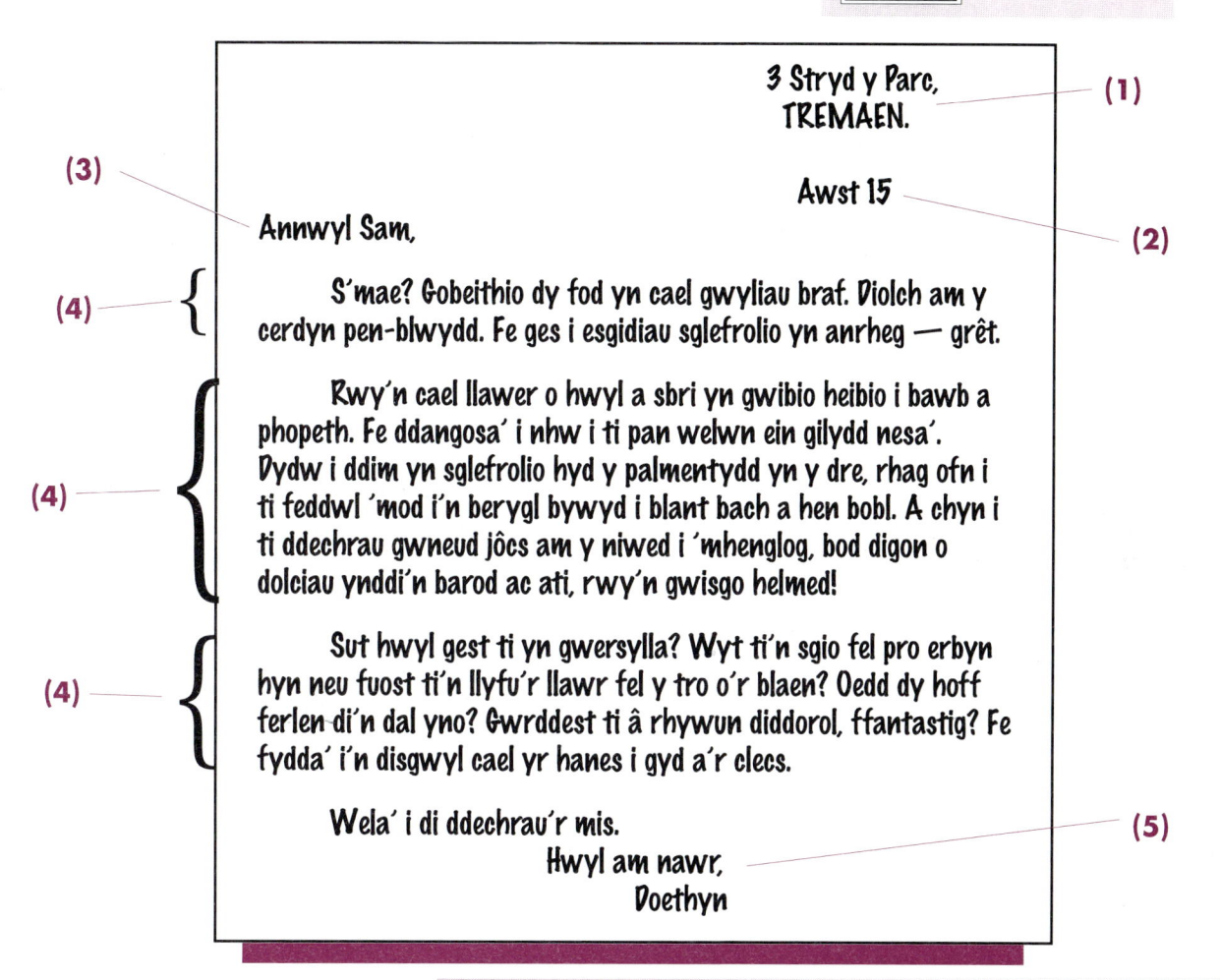

---

3 Stryd y Parc, — (1)
TREMAEN.

Awst 15 — (2)

(3) — Annwyl Sam,

(4) { S'mae? Gobeithio dy fod yn cael gwyliau braf. Diolch am y cerdyn pen-blwydd. Fe ges i esgidiau sglefrolio yn anrheg — grêt.

(4) { Rwy'n cael llawer o hwyl a sbri yn gwibio heibio i bawb a phopeth. Fe ddangosa' i nhw i ti pan welwn ein gilydd nesa'. Dydw i ddim yn sglefrolio hyd y palmentydd yn y dre, rhag ofn i ti feddwl 'mod i'n berygl bywyd i blant bach a hen bobl. A chyn i ti ddechrau gwneud jôcs am y niwed i 'mhenglog, bod digon o dolciau ynddi'n barod ac ati, rwy'n gwisgo helmed!

(4) { Sut hwyl gest ti yn gwersylla? Wyt ti'n sgio fel pro erbyn hyn neu fuost ti'n llyfu'r llawr fel y tro o'r blaen? Oedd dy hoff ferlen di'n dal yno? Gwrddest ti â rhywun diddorol, ffantastig? Fe fydda' i'n disgwyl cael yr hanes i gyd a'r clecs.

Wela' i di ddechrau'r mis.
Hwyl am nawr, — (5)
Doethyn

YSGRIFENNU

Ysgrifennwch lythyr at ffrind yn dweud ychydig o'ch newyddion.
Llythyr personol, anffurfiol fydd hwn. Gellwch ddefnyddio ffurfiau 'ti'. Ceisiwch ysgrifennu llythyr diddorol. Os hoffech, gallech ateb llythyr Doethyn.

HELP

Wrth ysgrifennu LLYTHYR, mae angen cofio:

(1) rhoi eich cyfeiriad ar frig y ddalen
(2) nodi dyddiad yr ysgrifennu
(3) cyfarch y sawl sy'n ei gael — *Annwyl* . . .
(4) trefnu'r neges neu'r newyddion sydd gennych yn baragraffau
(5) cloi'r cyfan â geiriau addas ar gyfer y sawl sy'n derbyn y llythyr —

Hwyl, Cofion cynnes, Pob hwyl, Cofion gorau, Dymuniadau da, Cariad mawr, ac ati

GWRANDO Gwrandewch ar y tâp sain sy'n cyd-fynd â'r gyfres hon. Roedd Doethyn yn holi pobl ar y stryd, rhoi cyfle iddyn nhw ddweud eu dweud.

DARLLEN Dyma gopi o'r sgript. Gallech chwarae rôl nawr. Darllenwch beth oedd gan y bobl i'w ddweud.

Doethyn: Esgusodwch fi. Fyddech chi'n fodlon ateb cwestiwn? Beth yw'ch barn chi am y dre?

A: Does dim lle i barcio yn unman yma. Mae'n ddiflas gorfod cerdded mor bell. Pam na chawn ni faes parcio yn nes i ganol y dre?

Doethyn: Beth amdanoch chi eich dwy? Oes gennych chi ryw gŵyn am y dre?

B: Hoffwn i gael mwy o lampau stryd? Mae hi'n dywyll iawn ar rai o'r strydoedd yn y nos.

C: 'Drychwch ar y ffenestri siopau sy wedi'u malu! Mae'n bryd i ni gael camerâu diogelwch.

Doethyn: Bore da. Beth hoffech chi weld y Cyngor yn ei wneud i wella'r dre?

CH: Mae golwg flêr iawn ar y siopau sydd wedi cau. Fe ddylai'r Cyngor chwilio am denantiaid.

Doethyn: Oes gennych chi ryw sylw yr hoffech chi'i wneud am y dre?

D: Fe fyddai'n braf medru cerdded o gwmpas heb boeni am geir o hyd. Mae'n bryd i ni gael ffordd osgoi.

DD: Rydw i'n meddwl bod plant a phobl ifanc sy'n sglefrolio yn beryg' bywyd. Mae angen i ni feddwl am rywle saff iddyn nhw fedru sglefrolio heb ddod hyd y strydoedd.

Doethyn: Beth sy'n eich poeni chi am eich tre?

E: Beth am y sbwriel sydd ar hyd y lle ym mhob man!

F: Beth am y bobl sy'n cysgu yn nrysau'r siopau? Mae digon o dai gwag yn y dre. Fe ddylai'r Cyngor roi cartre' iddyn nhw.

DARLLEN

Penderfynodd Doethyn ysgrifennu llythyr i'r Wasg i dynnu sylw at un o'r cwynion. Darllenwch ei lythyr.

Mae hwn yn llythyr ffurfiol. Sylwch ar y patrwm ac edrychwch ar y blwch Help ar dudalen 13 am ragor o wybodaeth.

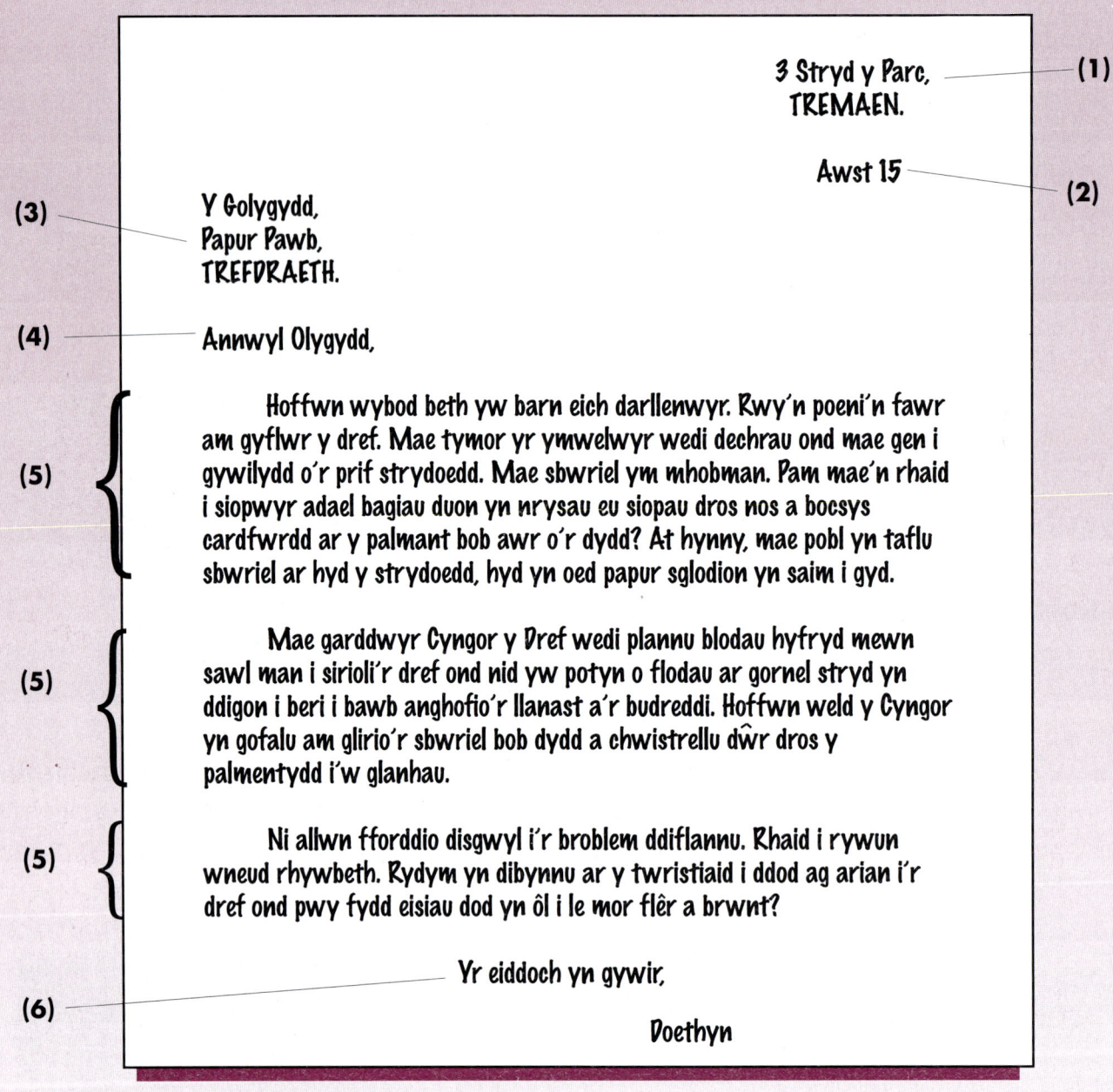

---

                                                         3 Stryd y Parc, **(1)**
                                                           TREMAEN.

                                                                 Awst 15   **(2)**

(3)   Y Golygydd,
       Papur Pawb,
       TREFDRAETH.

(4)   Annwyl Olygydd,

      Hoffwn wybod beth yw barn eich darllenwyr. Rwy'n poeni'n fawr am gyflwr y dref. Mae tymor yr ymwelwyr wedi dechrau ond mae gen i gywilydd o'r prif strydoedd. Mae sbwriel ym mhobman. Pam mae'n rhaid i siopwyr adael bagiau duon yn nrysau eu siopau dros nos a bocsys cardfwrdd ar y palmant bob awr o'r dydd? At hynny, mae pobl yn taflu sbwriel ar hyd y strydoedd, hyd yn oed papur sglodion yn saim i gyd. **(5)**

      Mae garddwyr Cyngor y Dref wedi plannu blodau hyfryd mewn sawl man i sirioli'r dref ond nid yw potyn o flodau ar gornel stryd yn ddigon i beri i bawb anghofio'r llanast a'r budreddi. Hoffwn weld y Cyngor yn gofalu am glirio'r sbwriel bob dydd a chwistrellu dŵr dros y palmentydd i'w glanhau. **(5)**

      Ni allwn fforddio disgwyl i'r broblem ddiflannu. Rhaid i rywun wneud rhywbeth. Rydym yn dibynnu ar y twristiaid i ddod ag arian i'r dref ond pwy fydd eisiau dod yn ôl i le mor flêr a brwnt? **(5)**

                       Yr eiddoch yn gywir, **(6)**

                            Doethyn

---

budreddi:	bryntni, baw
cyflwr:	y stad mae rhywun neu rywbeth ynddi.
llanast/llanastr:	annibendod, blerwch
sirioli:	gwneud i rywle edrych yn fwy deniadol neu wneud i rywun fod yn hapusach, llonni.

LLAFAR Siaradwch am y pethau roedd y bobl yn cwyno amdanynt.
Defnyddiwch gwestiynau tebyg i'r rhai sydd ar dudalennau 10 ac 11 i holi eich cyd-ddisgyblion a'ch athrawon am eich tref chi.
Gallech holi eich rhieni a'ch cymdogion hefyd.

Gallech recordio eich sgwrs.
Erbyn diwedd yr Uned waith bydd gennych nifer o eitemau ar dâp i wneud rhaglen gylchgrawn.

Defnyddiwch eich tâp nawr i ysgrifennu nodiadau. Penderfynwch pa broblem yr hoffech chi dynnu sylw ati. Efallai yr hoffech i'r Cyngor wneud rhywbeth ar gyfer pobl ifanc, er enghraifft, codi Canolfan Hamdden.

YSGRIFENNU Ysgrifennwch lythyr i'r Wasg yn sôn am y broblem. Gellwch ddilyn patrwm llythyr Doethyn. Dylech ysgrifennu rhyw dri pharagraff yn dweud:

▲ pam rydych chi'n anfodlon ar bethau fel y maen nhw
▲ pa newid yr hoffech chi ei gael neu beth fyddai'n gwella'r sefyllfa
▲ pam rydych chi'n meddwl ei fod yn bwysig.

HELP Cofiwch ddefnyddio 'chi' a berfau **lluosog** ac ysgrifennu llythyr ffurfiol y tro hwn. Edrychwch eto ar dudalen 8 i weld y gwahaniaeth rhwng berfau unigol a berfau lluosog.

Wrth ysgrifennu LLYTHYR FFURFIOL, mae angen cofio:

(1) rhoi eich cyfeiriad ar frig y ddalen
(2) nodi dyddiad yr ysgrifennu
(3) rhoi cyfeiriad y sawl sy'n derbyn y llythyr
(4) cyfarch y sawl sy'n ei gael — *Annwyl* . . .
(5) trefnu'r neges neu'r newyddion sydd gennych yn baragraffau
(6) cloi'r cyfan â geiriau addas ar gyfer y sawl sy'n derbyn y llythyr —
Yn gywir neu *Yr eiddoch yn gywir*.

Cyfathrebu

Sut rydym ni'n cyfathrebu?
Rydym eisoes wedi cyfathrebu drwy gyfrwng:

sgwrs

llythyr

ffôn

Gallem hefyd ddefnyddio:

poster

papur newydd

radio

cylchgrawn

cyfrifiadur

teledu

ffilm yn y sinema

Mae pobl yn treulio un rhan o dair o'u diwrnod yn darllen, gwrando neu wylio rhyw gyfrwng cyfathrebu.

Pwy sy'n gwrando neu'n gweld?

Y **gynulleidfa sy'n gwrando neu'n gweld**. Mae'n bwysig cofio pwy ydyn nhw. Cofiwch sut rydych chi wedi ysgrifennu mewn dull ffurfiol, gan ddefnyddio **'chi'**, a dull llai ffurfiol, gan ddefnyddio **'ti'**, wrth wneud eich tasgau.

Roeddech chi'n ystyried pwy oedd eich cynulleidfa.

Papurau a Chylchgronau

Mewn sawl ardal yng Nghymru mae Papur Bro yn gyfrwng i bobl gyfathrebu â'i gilydd. Dyma enwau rhai o'r papuru hynny. Wrth ddarllen eu papur bro caiff pobl wybod beth sy'n digwydd yn eu hardal.

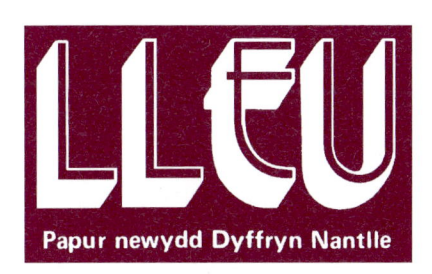

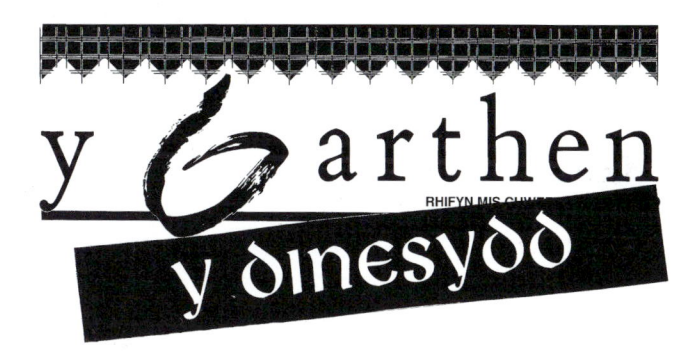

LLEU — Papur newydd Dyffryn Nantlle

y Garthen

y dinesydd

Y Barcud — Yn bapur pawb, nid papur plaid. Nid arlwy i garfan ond gwledd i haid.

MAWRTH 1996 — RHIFYN 202 — PRIS 35c

Berth, Blaenafon, Blaencaron, Blaenpennal, Bronant, Bwlchllan, Ffair Rhos, Gwnnws, Llanddewi Brefi, Llangeitho, Llanio, Lledrod, Llwyngroes, Llwynpiod, Penuwch, Pontrhydfendigaid, Pontrhydygroes, Swyddffynnon, Tregaron, Ysbyty...d Meurig.

DAIL DYSYNNI

Llanw Llŷn

Yr Angor — Papur Aberystwyth, Penparcau, Llanbadarn Fawr, Y Waunfawr a Chomins Coch

GLO mân

WILIA — PAPUR CYMRAEG ABERTAWE A'R CYLCH

YR WYLAN — PAPUR BRO PENRHYNDEUDRAETH, PORTHMADOG, MINFFORDD, LLANFROTHEN, RHYD, CROESOR, BORTH Y GEST, MORFA BYCHAN, TREMADOG, PRENTEG, BEDDGELERT a NANTMOR

YSGRIFENNU Ar y map mae enwau'r ardaloedd sy'n cyhoeddi'r papurau bro sy'n cael eu henwi ar dudalen 15. Edrychwch ar bob cliw a phenderfynu at ba bapur mae'n cyfeirio. Ysgrifennwch y rhif ac enw'r papur bro. Yna rhowch y rhif yn y lle cywir ar gopi o'r map.

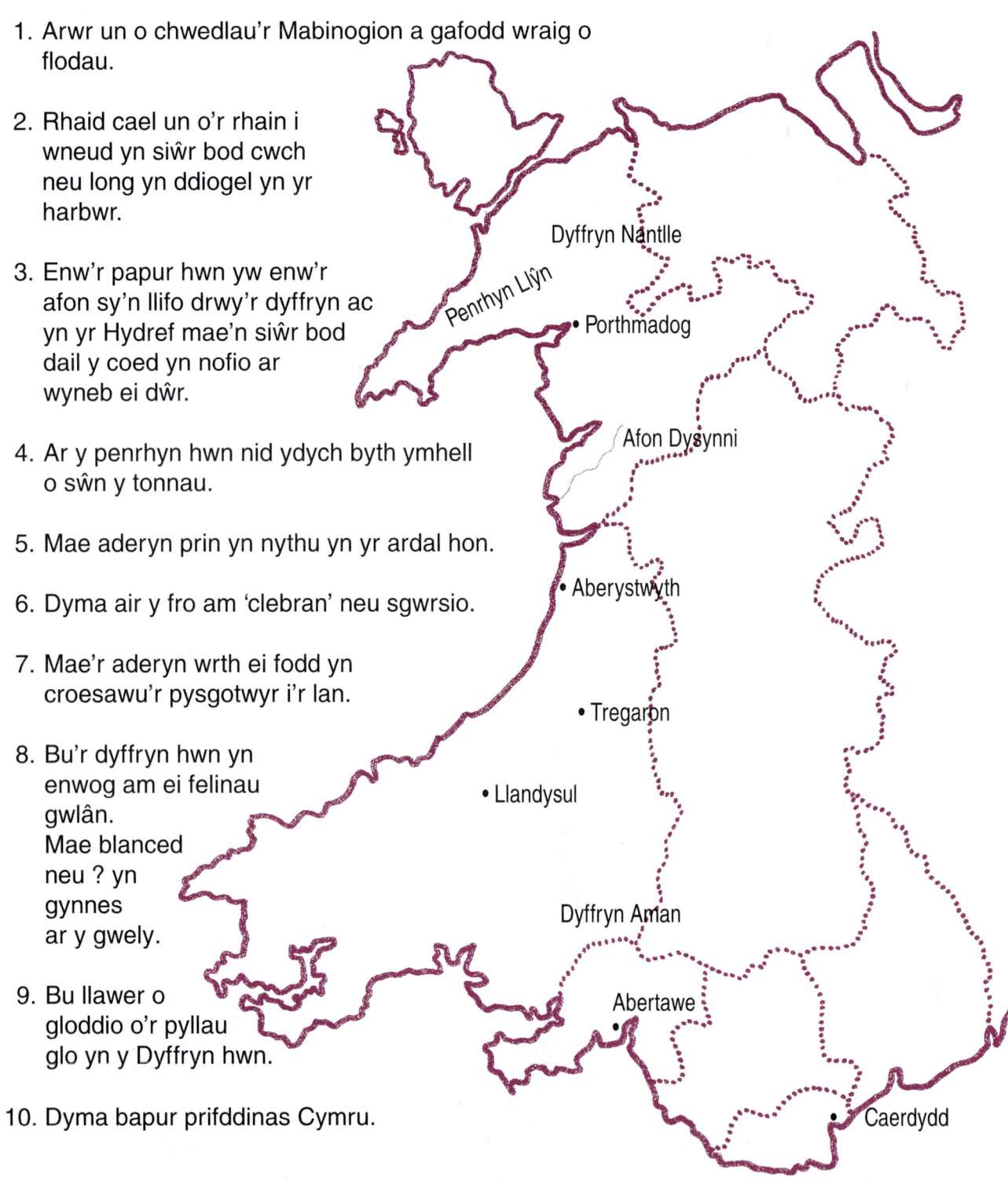

1. Arwr un o chwedlau'r Mabinogion a gafodd wraig o flodau.

2. Rhaid cael un o'r rhain i wneud yn siŵr bod cwch neu long yn ddiogel yn yr harbwr.

3. Enw'r papur hwn yw enw'r afon sy'n llifo drwy'r dyffryn ac yn yr Hydref mae'n siŵr bod dail y coed yn nofio ar wyneb ei dŵr.

4. Ar y penrhyn hwn nid ydych byth ymhell o sŵn y tonnau.

5. Mae aderyn prin yn nythu yn yr ardal hon.

6. Dyma air y fro am 'clebran' neu sgwrsio.

7. Mae'r aderyn wrth ei fodd yn croesawu'r pysgotwyr i'r lan.

8. Bu'r dyffryn hwn yn enwog am ei felinau gwlân. Mae blanced neu ? yn gynnes ar y gwely.

9. Bu llawer o gloddio o'r pyllau glo yn y Dyffryn hwn.

10. Dyma bapur prifddinas Cymru.

16

DARLLEN

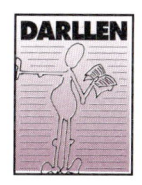

Sylwch ar enwau rhai Papurau Bro eraill. Mae sawl enw diddorol yma. Ydych chi'n gwybod beth yw ystyr pob un? Mae logo gyda rhai o'r enwau.

Gwnewch gopi o'r tabl hwn ac ysgrifennwch yr ystyron. Mae Doethyn wedi dechrau'r cyntaf i chi, ond bydd angen i chi edrych ar y llun i'ch helpu i ddisgrifio'r cerbyd. Chwiliwch yn y Geiriadur am ystyr unrhyw eiriau anodd.

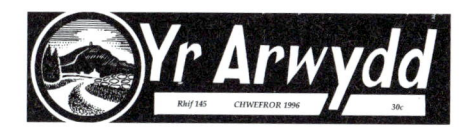

YSGRIFENNU

Enw	Ystyr
Y Gambo	cerbyd . . . oedd yn cael ei ddefnyddio i gario llwyth o ŷd neu wair.
Y Glorian (clorian)	
Y Tincer	
Goriad (agoriad)	
Y Bedol (pedol)	
Yr Odyn	
Y Ddolen (dolen)	

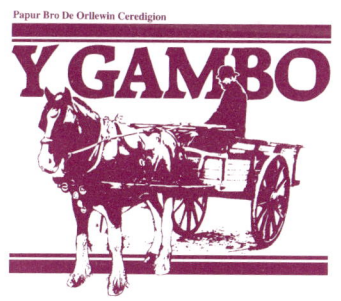

Allech chi lunio logo i **Yr Odyn**, **Y Tincer**, **Y Ddolen**, a **Goriad**?

Dyddiadur Digwyddiadau

Darllenwch y pigion o wahanol bapurau bro sy'n sôn am ddigwyddiadau. Chwiliwch yn y geiriadur am ystyr unrhyw eiriau anodd.

Dyddiadur Digwyddiadau

Chwefror

15 Clwb Rygbi. Disgo yn y Clwb. Dechrau am 8 o'r gloch.

22 Gig gyda Catatonia yng Nghlwb Ifor Bach am 9 o'r gloch.

Mawrth

1 Aelwyd yr Urdd yn dathlu Gŵyl Ddewi yn Neuadd y Pentref, Llanfair gyda Dafydd Iwan ac Ar Log,
7 o'r gloch. Croeso i bawb.

22 Dramâu byrion, Cwmni'r Nant yn Theatr y Ddraig, 7.30 o'r gloch.

29 Clwb Cadw'n Heini. Gala nofio yn y Ganolfan Chwaraeon, 3 o'r gloch.

Ebrill

4 Aduniad cyn-ddisgyblion Ysgol y Garn yn Neuadd yr ysgol, 8 o'r gloch. Adloniant – côr yr ysgol a'r band pres. Lluniaeth.

17 Cymdeithas Rhieni ac Athrawon Ysgol Rhoslan. Ffair Wanwyn yn yr ysgol am 2 o'r gloch.

24 Clwb Ieuenctid Caeo. Y trip blynyddol – ymweld â Techniquest. Bws yn gadael yn brydlon am 8 o'r gloch.

Nawr, gwnewch dabl a llenwi'r colofnau gyda'r wybodaeth gywir.

Trefnwyr?	Beth?	Ble?	Pryd?	Perfformwyr?
Clwb Rygbi	disgo	Y Clwb	15 Chwefror 8 o'r gloch	/

LLAFAR Yn eich grwpiau sgwrsiwch am yr hyn fydd yn digwydd yn eich ysgol neu yn eich ardal dros yr wythnosau nesaf.

YSGRIFENNU Dylai pob person sydd yn y grŵp ddewis dau ddigwyddiad gwahanol a'u cofnodi ar yr un patrwm â'r **Dyddiadur Digwyddiadau** ar dudalen 18:

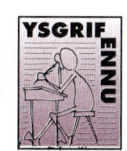

- **Dyddiad**
- **Ble?**
- **Pwy sy'n perfformio?**
- **Pwy sy'n trefnu?**
- **Beth?**
- **Am faint o'r gloch?**

Yn eich grwpiau:

▲ Casglwch ynghyd y deunydd rydych wedi ei ysgrifennu wrth wneud y dasg hon.

▲ Trefnwch y deunydd i wneud tudalen Dyddiadur Digwyddiadau ar gyfer 'cylchgrawn' grŵp.

▲ Gallech hefyd gasglu ynghyd y llythyrau rydych wedi eu hysgrifennu wrth ymateb i'r dasg ar dudalen 13.

▲ Wrth weithio drwy'r Uned hon bydd gennych fwy o dudalennau i'w hychwanegu ar ôl pob tasg.

▲ Cofiwch eich bod chi'n paratoi deunydd ar gyfer eich cyd-ddisgyblion, eich rhieni efallai a'ch athrawon. Dylech feddwl bob tro am eich cynulleidfa.

▲ Gallech ddefnyddio cyfrifiadur i wneud i'ch cylchgrawn edrych yn broffesiynol.

▲ Siaradwch am y clawr, penderfynu sut yr hoffech ei ddylunio a dewis enw i'ch cylchgrawn.

dylunio: llunio patrwm neu ddarlun

Cyfarchion a Diolch

Pen-blwydd Hapus
I Mari sy'n bymtheng mlwydd oed ddydd Sadwrn, Ebrill 30, oddi wrth Dad a Mam, Tad-cu a Mam-gu a Rhys. Hwyl fawr i ti.

Llongyfarchiadau
Rydym yn falch o glywed am lwyddiant Rhys Morris a gafodd ei ddewis i gynrychioli ei Sir yn y tîm rygbi dan bymtheg oed. Pob lwc i ti, Rhys.

Croeso
Daeth mam-gu i fyw at y teulu yn Rhif 32 ar stad Bryngolau.
Gobeithiwn y byddwch chi yn hapus yn yr ardal ac yn ein cymdeithas.

Diolch yn fawr
Hoffem, fel teulu, ddiolch i bawb a anfonodd gardiau, llythyrau, blodau ac anrhegion a'u dymuniadau da i Gwen pan oedd hi yn yr Ysbyty yn ddiweddar. Diolch hefyd i'r nyrsus a'r doctoriaid am eu gofal.

Llawer o ddiolch
Hoffwn ddiolch i ddisgyblion Ysgol Gyfun Pen-y-maes am gasglu arian i anfon plant i Florida. Byddant yn siŵr o fwynhau eu gwyliau yno.
Mari Gwyn, Trysorydd Cymdeithas Plant Dan Anfantais.

Diolch am gefnogaeth
Hoffai Philip ddiolch i bawb fu'n fodlon ei noddi i redeg yn ras y marathon yn Llundain. Casglodd gyfanswm o £300 at brynu offer i'r Ganolfan Ieuenctid.

Diolch
Dymuna Rhodri a Lisa ddiolch am yr anrhegion, y cardiau a'r galwadau ffôn yn dymuno'n dda iddynt ar ddiwrnod eu priodas.

▲ Sylwch fod yma gyfarchion ffurfiol yn defnyddio 'chi' a rhai llai ffurfiol yn defnyddio 'ti'.

cynrychioli: gwneud rhywbeth am eich bod wedi eich dewis i'w wneud dros rywrai eraill

Cysylltwch bennawd â chyfarchiad addas ac ysgrifennwch neges gyflawn. Mae dewis o sylwadau i chi i'w rhoi ar ddiwedd eich neges hefyd.

PENAWDAU

Llongyfarchiadau

Pob lwc

Pen-blwydd Hapus

Cofion gorau

Hwyl fawr

CYFARCHION

i Siân ar ennill pencampwriaeth nofio . . . .
i Bryn sy'n ymddangos ar raglen gwis . . . .
at Mrs Sali Huws sydd yn yr ysbyty . . . .
i Gwynfor sydd yn cychwyn ar daith i Dde America y mis nesaf . . . . .
i Elinor sy'n 18 oed ar y 25ain . . . . .

SYLWADAU

Pwyll pia' hi!

Dal ati!

Mwynha'r dathlu!

Brysiwch wella!

Cofia am y camera!

pencampwriaeth: y brif gamp

Gwrandewch ar y cyfarchion sydd ar y tâp sain sy'n cyd-fynd â'r gyfres hon. Gwnewch dabl dwy golofn fel hyn a llenwi'r colofnau.

Cyfarch pwy?	Pam?

Ysgrifennwch gyfarchion :

1. i ddymuno pen-blwydd hapus i ffrind neu aelod o'ch teulu
2. i longyfarch ffrind ar unrhyw lwyddiant
3. i ffarwelio â ffrind sy'n symud i fyw i ardal arall

Recordiwch eich cyfarchion. Hoffech chi ddewis darn o gerddoriaeth addas ar gyfer un o'r ffrindiau hyn?

Ysgrifennwch negeseuon yn diolch:

1. am gyfarchion yn dymuno'n dda i'ch dosbarth chi yn eich arholiadau
2. am gyfarchion ac anrhegion pen-blwydd i chi'n bersonol.

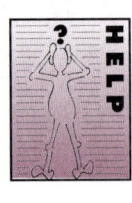

Edrychwch eto ar dudalen 20 i'ch atgoffa o'r negeseuon 'diolch'.

▲ Sylwch ar y ferf:

Hoffwn i	**Hoffen ni**
Hoffet ti	**Hoffech chi**
Hoffai ef/hi	**Hoffen nhw**

Ydych chi'n cofio bod angen treiglo ar ôl y ffurfiau hyn —

e.e.   Hoffwn **f**ynd i'r sinema heno.

Hoffai Bryn **w**eld y rhaglen yna sydd ar y teledu am saith o'r gloch.

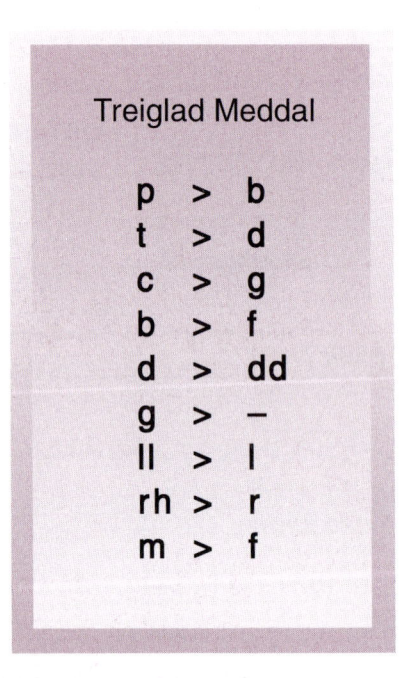

Treiglad Meddal

p > b
t > d
c > g
b > f
d > dd

g > –
ll > l
rh > r
m > f

Gofalwch am gasglu eich gwaith ysgrifennu eto yn eich grwpiau i'w gynnwys yn eich cylchgrawn.

DARLLEN Mae gennym un papur newydd Cymraeg cenedlaethol, wythnosol — *Y CYMRO*, *Yr Herald* (papur wythnosol i ogledd Cymru) a nifer dda o gylchgronau.

Y CYMRO

SGRîN

y Wawr

CADWYN CYD CYD
CYLCHGRAWN I GYMRY CYMRAEG A DYSGWYR — A MAGAZINE FOR WELSH LEARNERS AND SPEAKERS
Gwanwyn 1996 — 50c — Rhifyn 23

Y FANER NEWYDD
CYLCHGRAWN CYMRAEG ANNIBYNNOL - AWST 1996

LLAIS LLYFRAU

cylchgrawn *gwerin* gwlad
Llafar gwlad
rhif 51 pris 60c — ISSN 1356-3777

GOLWG
CYFROL 8 RHIF 28 28 Mawrth 1996 — 95c BOB DYDD IAU

LLAIS Y GYMRU GYMRAEG
Yr Herald
SEFYDLWYD 1855 — HERALD MÔN / HERALD CYMRAEG

▲ Sylwch beth yw oed *Yr Herald*

23

Posau

DARLLEN

1. Dyfalwch pwy sy'n darllen *Dan Haul* a *Sothach*?
   Mae cliwiau i chi yn lluniau'r ddau glawr.

2. Chwiliwch am y gwahaniaethau yn y ddau lun. Mae yma chwech i gyd.

3. Copïwch yr enwau isod. Llenwch y bylchau gyda'r llafariaid (a, e, i, o, u, w, y) i roi enwau'r pentrefi sy'n dechrau gyda Llan – , pentrefi'r papurau bro:

   Ll – ndd – – –   Bref –   Ll – nfr – th – n   Ll – ng – – th –

4. Pa gylchgronau yw'r rhain? Mae'r llythrennau wedi eu cymysgu:

   SERPINT   Y RWAW   THACHOS   RALLAF LAGWD   LOGWG

5. Mae tri phapur bro yn perthyn i drefi gyda'r enw Aber—. Aberaeron yw un ohonynt. Beth yw enwau'r ddwy dref arall?
   Enwch fwy o drefi neu bentrefi yng Nghymru sydd â'u henwau yn dechrau gydag Aber.

YSGRIFENNU

Ar gopi o'r chwilair chwiliwch am enwau papurau bro a chylchgronau. Rhowch gylch o gwmpas pob un. Mae yma 20 i gyd:

G	A	Y	G	A	M	B	O	S	D
O	I	S	O	R	N	T	DD	O	A
L	LL	I	R	W	Â	I	Y	TH	N
W	I	T	I	Y	M	N	S	A	H
G	W	N	A	DD	O	C	E	CH	A
Y	B	E	D	O	L	E	N	L	U
W	A	R	LL	R	G	R	I	N	L
A	R	P	W	E	M	O	D	Y	N
W	N	W	A	D	U	C	R	A	B
R	LL	A	I	S	A	E	R	O	N

Llais Aeron	Golwg	Y Wawr	Tincer
Y Gambo	Y Bedol	Arwydd	IAW
Goriad	Odyn	Sothach	Prentis
Barn	Barcud	Dolen	Wilia
Dan Haul	Glo Mân	Dinesydd	Lleu

Ddaethoch chi o hyd iddyn nhw i gyd? Os do, ardderchog!

25

Hysbysebion

DARLLEN Darllenwch yr hysbysebion hyn o bapurau bro a chylchgronau.

DEWCH AM DRO I FRO GŶR

TRAETHAU EURAID

GOLYGFEYDD BENDIGEDIG

CROESO CYMREIG

Am fanylion llawn
am wyliau byr neu hir
ffoniwch: (01754) 266298

Ceir ail-law (prynu a gwerthu)

Gwasanaeth atgyweirio

AM WASANAETH PERSONOL A CHYFLYM

Galwch heibio
neu ffoniwch 01626 378 991

•• Gwasanaeth achub 24 awr ••

AR WERTH

Beic mynydd
Mewn cyflwr da

Cysyllter â:
(01940) 263170

TRIN GWALLT

arbenigwyr ar dorri,
lliwio a phermio,

chwyth sychu

tyllu clustiau

gwasanaeth
teithiol
yn ogystal

01274 908 462

BISTRO

Y Bwyd a'r Gwin Gorau
coginio   ardderchog

SIOP CHWARAEON

Am bopeth sydd arnoch ei angen a'r gorau sydd ar gael dewch atom ni

(01374) 658 329

Salon Prydferthwch

- Gwersi coluro
- Mwytho'r Wyneb
- Trin y Traed a'r Dwylo
- Colur heb ddolur

☎ **01473 895 263**

Eich siop deithio
yn trefnu ar eich rhan

Gwyliau
Gwestai
Gwibdeithiau
Teithiau Fferi
National Express
Le Shuttle
Tocynnau awyr rhad
Tripiau i'r Theatr

☎ **01247 762 131**

Canolfan hamdden

Arbenigwyr i'ch hyfforddi
Pwll nofio, Pwll Dysgwyr
Neuadd Chwaraeon
Cyrtiau Sboncen
Ystafell Ffitrwydd
Caffi

Amser agor
Llun – Gwener: 9.00 – 8.00 (i nofio)
9.00 – 11.00 (y gweddill)
Sadwrn a Sul: 8.00 – 6.00

▲ Mae rhai hysbysebion yn gwerthu rhywbeth. Mae hysbysebion eraill yn cynnig gwasanaeth — mae rhywun yn fodlon gwneud rhyw waith i chi, er enghraifft trin gwallt.

- Edrychwch eto ar yr hysbysebion ar dudalennau 26 a 27 a chwiliwch am y berfenwau e.e. torri
Y rhain sy'n dweud wrthych beth mae'r hysbysebwr yn cynnig ei wneud fel gwasanaeth.

Mae Doethyn wedi edrych ar hysbyseb y garej ac wedi dechrau gwneud y dasg i'ch helpu:

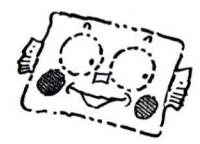

> Mae dyn y garej yn cynnig — **prynu, gwerthu** . . . .

Beth arall?
- Pa wasanaeth sy'n cael ei gynnig yn yr hysbysebion eraill?
- Pa un o'r hysbysebion sy'n perswadio prynwyr orau?
- Beth sy'n bwysig ei gynnwys mewn hysbyseb?

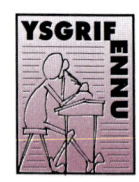

1. Ysgrifennwch hysbysebion:

   a) i werthu unrhyw offer ail-law
   b) yn cynnig unrhyw wasanaeth
   c) yn cynnig gwyliau mewn gwesty

2. Edrychwch eto ar eich **Dyddiadur Digwyddiadau** chi (tudalen 19). Dylai pob person sydd yn y grŵp ddewis digwyddiad gwahanol ac ysgrifennu hysbyseb i ddweud wrth bobl am y digwyddiad hwnnw. Cofiwch roi llun gyda'ch hysbyseb.

Casglwch eich hysbysebion i'ch cylchgrawn.

Gwrandewch ar yr hysbysebion sydd ar y tâp sain sy'n cyd-fynd â'r gyfres hon.
Gwnewch dabl tebyg i hwn a llenwi'r colofnau gyda'r wybodaeth gywir.

Enw'r cynnyrch	Enw'r cwmni	Neges

mwytho: anwesu neu rwbio'r corff i'w wneud yn fwy meddal

LLAFAR Siaradwch am hysbysebion.

▲ Sut mae hysbyseb radio yn wahanol i hysbyseb mewn cylchgrawn neu bapur newydd?

▲ Sut mae hysbyseb deledu yn wahanol i hysbyseb radio?

▲ P'un yw'r gorau?

▲ Pam?

HELP Ydych chi'n cofio patrwm y ferf 'Hoffwn i . . .' (tudalen 22)? Mae 'Dylwn i . . .' yn dilyn yr un patrwm

Dylwn i	**Dylen ni**
Dylet ti	**Dylech chi**
Dylai ef/hi	**Dylen nhw**

Bydd angen defnyddio'r Treiglad Meddal ar ôl y ferf hon hefyd. Er enghraifft:

Treiglad Meddal

p	>	b
t	>	d
c	>	g
b	>	f
d	>	dd
g	>	–
ll	>	l
rh	>	r
m	>	f

Dylai Sara **dd**iolch am yr anrhegion.
Dylwn i **f**ynd i weld y sioe gerdd.
Dylet ti **b**rynu cylchgrawn arall.
Dylen ni **g**ael gwersi coluro yn yr ysgol.
Dylech chi **dd**efnyddio'r ystafell ffitrwydd.

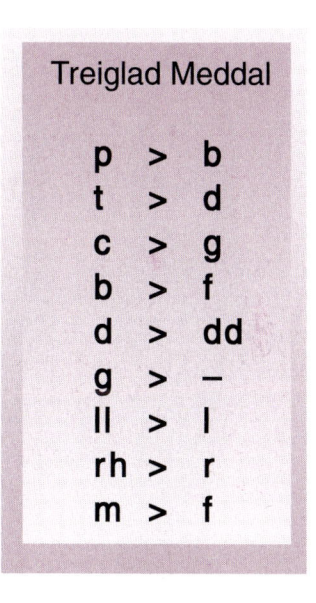

YSGRIFENNU Ysgrifennwch 5 brawddeg yn dweud beth ddylai rhywun ei wneud:

a) cyn mynd i'r ysgol yn y bore
b) cyn mynd ar wyliau.

Ceisiwch ddefnyddio gwahanol berson o'r ferf fel yn yr enghreifftiau.

Colofn Gofidiau

Darllenwch y llythyrau hyn.

Annwyl Modryb Mali,

Mae gen i chwaer. Rydym yn efeilliaid. Mae gen i broblem fawr iawn. Mae Katy yn fy nghopïo i drwy'r amser. Mae hi'n gwisgo yr un peth â fi. Mae hi'n edrych yn union yr un fath â fi.

Rydw i'n gwybod bod efeilliaid i fod i edrych yn debyg a gwneud yr un peth ond rydym yn dair ar ddeg mlwydd oed!

Doeddwn i ddim yn becso pan oedden ni'n fach. Roedd pawb yn meddwl ein bod ni'n giwt.

Dydw i ddim eisiau dweud wrth Katy nad ydw i ddim yn hoffi bod yn debyg iddi. Fe fyddai hi'n becso. Ond mae'n rhaid i ni wneud pethau gwahanol erbyn hyn.

Os gwelwch yn dda, helpwch fi.

Yr eiddoch yn gywir,
Holly

Annwyl Modryb Mali,

Mae gen i broblem! Rwy'n caru sboner fy ffrind gorau. Pan fydda i'n ei weld e ar y stryd rwy'n teimlo fel llewygu. Rwy'n byw drws nesa' iddo ac mae fy ffrind yn ei wahodd i fy nhŷ i drwy'r amser.

Ar y dechrau roedd y ddwy ohonom yn ei ffansïo ond fe ddewisodd e hi. Ces i fy siomi ac rwy'n ceisio penderfynu alla i fod yn ffrind iddi neu beidio.

Efallai fod hyn yn swnio'n blentynnaidd, ond mae fel pe bai hi'n ceisio 'ngwneud i'n genfigennus trwy ddod â fe i 'nhŷ i a gwneud ffws enfawr pan fyddwn ni'n cwrdd â fe ar y stryd.

Mae gen i sboner newydd nawr, i geisio anghofio amdano fe. Ond pan fydda' i yng nghwmni fy sboner i yr unig beth sydd ar fy meddwl yw sboner fy ffrind. Allech chi fy helpu?

Yr eiddoch yn gywir,
J.S.

cenfigennus:	teimlo bod rhywun arall yn well eu byd na chi
llewygu:	syrthio'n anymwybodol
sboner:	cariad, *boyfriend*

DARLLEN

Annwyl Modryb Mali,

Rydw i'n casáu'r ysgol. Alla' i ddim goddef y lle! Ond mae mam a dad yn meddwl y dylwn i aros yn yr ysgol i ail-sefyll arholiadau TGAU. Dim diolch!!

Sut galla' i eu perswadio nhw i adael i mi chwilio am waith?

Yr eiddoch yn gywir,
Sal

Annwyl Modryb Mali,

Rydw i wedi bod yn cefnogi tîm pêl-droed MAN UTD ers blynyddoedd. Mae fy ffrindiau i gyd yn cefnogi LERPWL ac yn chwerthin am fy mhen am nad ydw i'n un o'r giang.

Dydw i ddim eisiau mynd i weld gêmau Lerpwl hefo nhw achos dydyn nhw ddim yn gall. Rydw i'n siŵr y byddan nhw'n gwylltio cefnogwyr rhyw dîm arall ryw ddiwrnod ac yn cael cweir. Ond maen nhw'n gwneud fy mywyd i'n ddiflas iawn, yn galw enwau arna i a chanu, '*You'll never walk alone*' trwy'r amser.

Beth wna' i?

Yr eiddoch yn gywir,
Darren

LLAFAR Yn eich grwpiau, siaradwch am broblemau'r bobl ifanc hyn. Pa gyngor fuasech chi yn ei roi i bob un? Ysgrifennwch nodiadau i'ch helpu i wneud y dasg ysgrifennu.

YSGRIFENNU Dychmygwch mai chi yw Modryb Mali. Ysgrifennwch atebion i'r 4 llythyr.

▲ Cofiwch ddefnyddio'r ffurfiau rydych wedi eu hymarfer ar dudalennau 22 a 29:

Dylech chi . . .   Efallai yr hoffech chi . . .

Diddordebau

DARLLEN Darllenwch y darnau sydd ar y dudalen hon a'r un nesaf. Maen nhw'n sôn am ddiddordebau dau o ddisgyblion Ysgol Llanhari.

> Fy niddordebau i yw *Tae Kwon Do* a ceir *Rali*.
>
> Dechreuais wneud *Tae Kwon Do* ym Medi 1993. Rwyf wedi bod mewn llawer o gystadlaethau ac ennill llawer o fedalau. Pan ddechreuais roeddwn yn gwisgo gwregys gwyn ond rwyf wedi gweithio drwy'r gwahanol liwiau nes cyrraedd gwregys coch efo tâp du. Felly, bydda' i'n cystadlu am fy ngwregys du yn yr Hydref.
>
> Rwyf yn ymarfer yn y Bont Faen ar ddydd Mercher o chwech hyd wyth o'r gloch ac ar ddydd Sadwrn o bedwar hyd chwech a hefyd yng Nghaerdydd ar ddydd Iau, o hanner awr wedi saith hyd naw, ac ar ddydd Sul o un ar ddeg hyd un o'r gloch.
>
> Fy niddordeb arall yw ceir *Rali*. Dechreuodd y diddordeb hwn tua blwyddyn yn ôl pan oeddwn yn defnyddio car o'r enw Escort Cosworth. Roedd hwnnw yn arfer mynd ar gyflymder o ryw 50 milltir yr awr. Nawr, mae gen i gar newydd sef *Yokamo Dog Fighter* sy'n mynd tua 70 milltir yr awr.
>
> Rhywbryd byddaf yn cael un gwell fyth, *Yokamo Storm Lo,* sy'n gallu gwneud 95 milltir yr awr. Mae'r ddau gar olaf y soniais amdanynt yn cael eu rasio yn y cystadlaethau mawr. Daeth y cyntaf yn ail yn Japan a'r llall yn gyntaf yn Ynys Manaw. Felly, maen nhw'n eitha' da.
>
> Simon

▲ Sylwch fod Simon yn sôn am ddau ddiddordeb.

- Mae'n cymryd rhan mewn gweithgareddau sy'n ymwneud â'i ddiddordebau.

- Mae'n ymarfer gyda phobl eraill ac yn treulio llawer o oriau yn ymarfer *Tae Kwon Do*.

DARLLEN

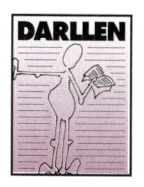

Mae gen i lawer o ddiddordebau, ond mae un yn arbennig. Rwy'n astudio bywyd yr orca, math o forfil. Mae gen i bob fideo sydd ar gael am *Free Willy* ac rwy'n eu gwylio o hyd ac o hyd ac yn mwynhau'r ffilm bob tro. Erbyn hyn mae pawb yn y tŷ yn gwybod y geiriau ar eu cof.

Mae gen i lawer iawn o bosteri am yr orcas, llawer o luniau eraill, offer ysgrifennu a dillad â llun orcas arnyn nhw. Mae pawb yn fy nheulu yn prynu anrhegion sydd â rhywbeth i wneud hefo orcas i mi. Mae gen i glustdlysau a llawer o bethau felly gydag orcas arnynt.

Rwy hefyd wedi mabwysiadu morfilod am £10 yr un gydag arian Nadolig a phen-blwydd. Mae'r mabwysiad yn para am flwyddyn. Ar fy mhen-blwydd nesaf rwy'n mynd i fabwysiadu cwpwl arall, oherwydd rwy'n eu caru nhw.

Ceri

▲ Mae Ceri yn casglu mwy o wybodaeth a mwy o bethau sy'n ymwneud â'i diddordeb.

• Mae'n cyfrannu arian er mwyn diogelu'r morfilod.

mabwysiadu: derbyn y cyfrifoldeb o edrych ar ôl rhywun. Yn y darn mae'n golygu rhoi arian er mwyn helpu'r rhai sy'n ceisio diogelu'r anifeiliaid.

LLAFAR

Fyddech chi wedi hoffi cael mwy o wybodaeth gan Ceri neu Simon? Beth fyddech chi eisiau ei wybod?

Meddyliwch am ryw 5 cwestiwn y gallech chi eu holi iddyn nhw?

YSGRIFENNU

Ysgrifennwch eich 5 cwestiwn ar bapur.

LLAFAR Sgwrsiwch yn eich grwpiau am eich diddordebau chi.

YSGRIFENNU Defnyddiwch y 5 cwestiwn a ysgrifennoch chi (tudalen 33). Defnyddiwch y cwestiynau rydych chi wedi bod yn eu gofyn i'ch cyd-ddisgyblion am eu diddordebau nhw hefyd. Lluniwch holiadur.

Mae Doethyn wedi dechrau'r dasg i chi.

Holiadur diddordebau	
1. Beth yw dy ddiddordeb di?	pêl-droed
2.	
3.	
4.	
5.	

Pan fyddwch wedi cael atebion i'ch holiadur gan weddill y dosbarth gellwch wneud graff yn dangos beth yw diddordebau'r dosbarth?
Oes llawer ohonoch chi'n hoffi yr un math o bethau?

Ysgrifennwch ychydig baragraffau i'ch cylchgrawn yn sôn am eich diddordeb neu hobi.
Oes gennych chi luniau i'w rhoi gyda'ch disgrifiadau?
Gallech ddefnyddio'r cyfrifiadur i gyflwyno eich gwybodaeth.

LLAFAR Darllenwch eich paragraffau i weddill y dosbarth.

Gallech recordio'r darlleniadau.

LLAFAR Beth yw barn eich grwpiau chi am y ffasiwn ddiweddaraf?

- Ydych chi'n dilyn y ffasiwn?
- Ydy'r ffasiwn yn aml yn ddwl?
- Ydy dilyn y ffasiwn yn gostus?
- Beth ydych chi'n hoffi ei wisgo?
- Oes gennych chi hoff liw?

Mae ffwr yn boblogaidd eto eleni, ffwr o groen anifeiliaid nid ffwr ffug, am ei bod hi wedi bod yn oer iawn yn ystod y gaeaf.

- Beth yw eich barn chi am ddal a lladd anifeiliaid er mwyn cael croen i wneud dillad?

YSGRIFENNU Cynlluniwch wisg ddelfrydol i chi eich hun.
Tynnwch lun ohoni a'i disgrifio.

Ar Grwydr

Darllenwch y dyddiadur taith hwn.

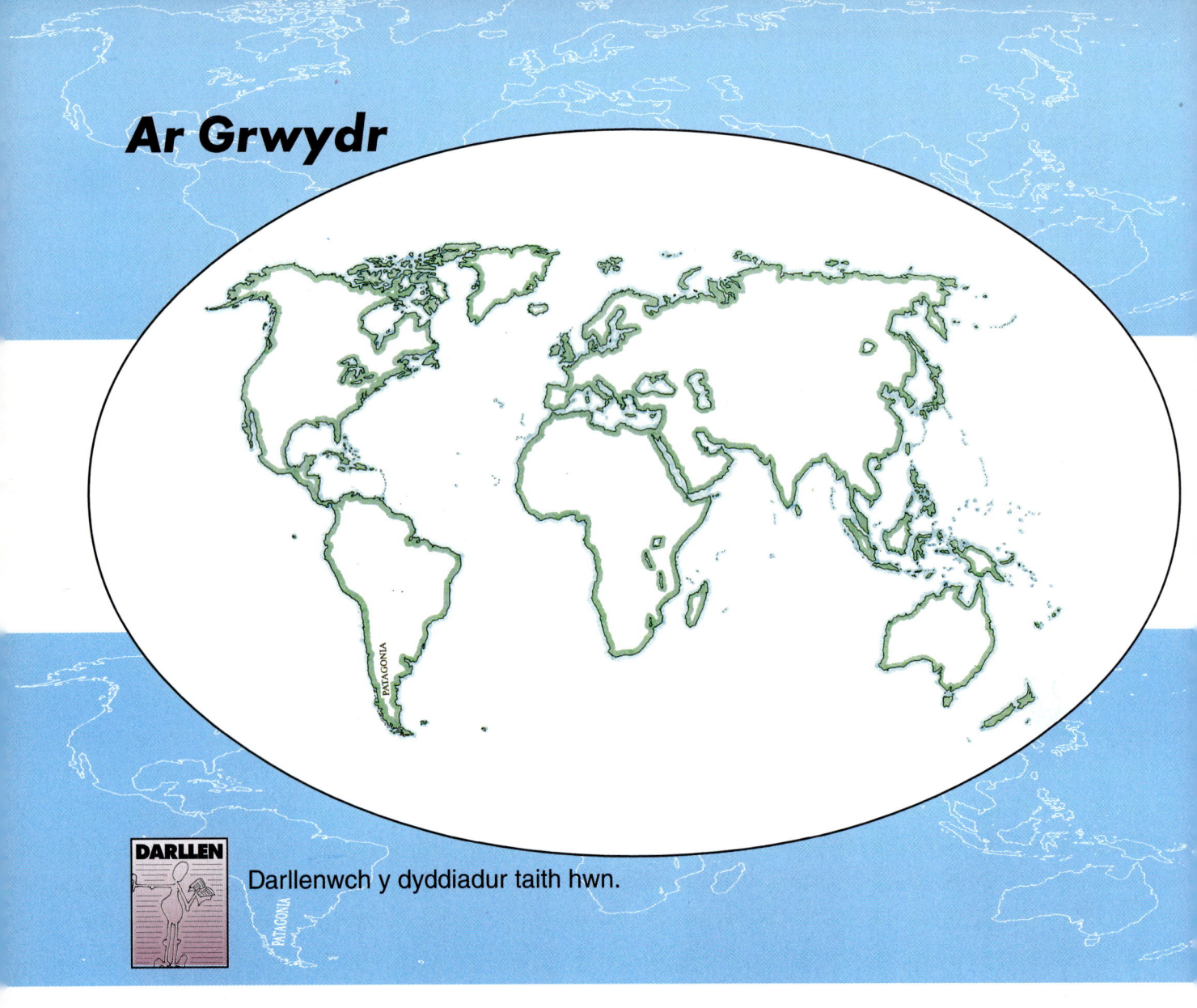

Iau. Cyrhaeddais Buenos Aires o'r diwedd ar ôl teithio ar drên i Lundain a hedfan i Efrog Newydd ac ymlaen yma. Taith ddigon hir, 9000 o filltiroedd. Teithiais o'r maes awyr ar y *subte*, y trên tanddaearol, — popeth yn hen ffasiwn, golau gwan yn y gorsafoedd, trenau wedi eu paentio mewn lliwiau tywyll brown a melyn diflas, hysbysebion syml. Dynion Eidalaidd yr olwg mewn dillad tlodaidd, yn rhythu arna i a 'mhac.

Sul. Rwy wedi dod o hyd i'm perthynas o Gymru. Mae Senora Jones yn wyres i John Jones o'r Bala. Gadawodd e ar long y Mimosa o Lerpwl i Borth Madryn, Patagonia. Aeth hi â fi i gwrdd â phobl eraill o Batagonia sydd yn byw yn Buenos Aires erbyn hyn. *Casa de Chubut* yw enw canolfan y Cymry yno. Roedd yn rhyfedd clywed y geiriau Sbaeneg yn llithro i mewn i'w Cymraeg, geiriau fel *campo* (fferm), *colectivo* (bws) ac *asado* (barbeciw).

Llun. Teithiais i'r de, i dalaith Chubut, taith 24 awr ond mae'r bws yn un cyfforddus drwy lwc. Gwastadedd ar bob llaw, tir ffrwythlon lle maen nhw'n cynhyrchu'r cig eidion gorau yn y byd.

Y Paith

Yr Andes a'r Dyffryn

Sul. Te Cymreig yn y Gaiman, pentref bach yn Chubut. Mae enwau'r capeli fel rhai yng Nghymru — Seion a Salem. Croeso arbennig i ymwelwr o Gymru. Bu'n rhaid i mi siarad â'r gynulleidfa! Cyfle i ddangos nad iaith pobl hŷn yn unig yw'r Gymraeg.

Gwener. Croesais y Paith. Ymlaen i Esquel, tref fach arall a gafodd ei sefydlu gan y Cymry. Mae'n nythu yng nghysgod mynyddoedd yr Andes sy'n rhedeg yr holl ffordd o Colombia hyd at waelod Chile yn y de. Yn ymyl y rhain byddai'r Wyddfa yn edrych fel bryn bychan! Dyma Gwm Hyfryd.

           Gwyn

Mae'r dyddiadur wedi ei ysgrifennu yn y person cyntaf **Unigol**.
Mae Gwyn ar daith ar ei ben ei hun:
   Cyrhaeddais . . .   Rwy . . .   Teithiais . . .   Croesais . . .

DARLLEN Darllenwch yr adroddiad ysgol sy'n sôn am ymweliad â'r Cyfandir:

Diwrnod yn Boulogne

Fis Rhagfyr diwethaf bu'r Adran Ffrangeg yn brysur iawn yn trefnu dwy daith undydd i Boulogne, Ffrainc.

Cychwynnon ni ar ein taith i Folkstone toc wedi canol nos. Cyn toriad gwawr cyrhaeddon ni ben y daith. Bu'n brofiad unigryw i deithio ar y *Shuttle* o gofio bod y môr uwch ein pennau!

Ar ôl taith fer o ryw 35 munud cyrhaeddon ni Boulogne yn gynnar iawn a chawson ni frecwast blasus o *croissants* a *baguettes* ffres a phowlen o siocled poeth. Wedyn, buon ni ar ymweliad â ffatri siocledi a chael ein tywys o gwmpas y lle a gweld sut y gwneir y melysion.

Wrth gwrs, bu'r demtasiwn i flasu un, dau neu hyd yn oed dri yn ormod i'r rhan fwyaf ohonon ni.

Ar ôl cinio cawson ni gyfle byr i grwydro o gwmpas tref Boulogne cyn mynd i'r *Crepérie*. Braf iawn oedd cael gwneud ein *crépes* ein hunain.

Cyn dal y *Shuttle* yn ôl adref, cawson ni gyfle i grwydro ling-di-long o amgylch yr *hypermarché* enfawr a phrynu ambell i beth.

Cyrhaeddon ni'n ôl i'r ysgol tua hanner nos wedi blino'n lân ond wedi mwynhau'r daith a'r gwahanol brofiadau yn fawr iawn.

▲ **tywys:** arwain, dangos y ffordd
unigryw: rhywbeth neu rywun sydd yn hollol wahanol i bopeth neu bawb arall

HELP Mae'r adroddiad wedi ei ysgrifennu yn y person cyntaf **Lluosog**.
NI sy'n siarad ac yn dweud beth wnaethon ni, y disgyblion, gyda'n gilydd.

e.e. Cychwynnon ni . . .   Cyrhaeddon ni . . .

Sylwch ar batrwm y dyddiadur (tudalennau 36 a 37) a'r adroddiad (tudalen 38). Mae'r ddau yn dweud:

▲ i ble roedden nhw wedi mynd

▲ sut roedden nhw wedi teithio yno

▲ beth oedd y pethau diddorol wnaethon nhw ar ôl cyrraedd. Mae'n amlwg mai'r pethau oedd yn wahanol i'r hyn sydd yng Nghymru oedd wedi denu eu sylw yn bennaf.

GWRANDO Gwrandewch ar ddarn o raglen gylchgrawn disgyblion Ysgol Penglais ar y tâp sain sy'n cyd-fynd â'r gyfrol hon. Maen nhw'n sôn am daith i Nant Gwrtheyrn. Rhestrwch y pethau diddorol roedden nhw wedi eu gwneud.

LLAFAR Sgwrsiwch yn eich grwpiau am eich profiadau chi wrth deithio.

YSGRIFENNU Ysgrifennwch hanes unrhyw daith ddiddorol rydych chi wedi bod arni, naill ai daith ysgol neu daith y buoch arni gyda'ch rhieni.
Gallech ddilyn patrwm yr enghreifftiau gan ysgrifennu ar ffurf dyddiadur neu adroddiad.

Rhowch y rhain yn eich cylchgrawn.

LLAFAR Recordiwch eich sgwrs am rai o'ch teithiau neu darllenwch eich dyddiaduron neu adroddiadau a'u recordio.

LLAFAR Sgwrsiwch am eich tref neu eich ardal ac ysgrifennu nodiadau. Pe bai ymwelwyr yn dod i'ch tref neu'ch ardal chi, beth fydden nhw'n gallu ei wneud?
Oes rhywbeth diddorol i'w weld yno? Beth sy'n wahanol?

YSGRIFENNU Rhannwch y gwaith rhwng aelodau'r grŵp neu ddosbarth ac ysgrifennu a dylunio pamffledyn i roi gwybodaeth i ymwelwyr.

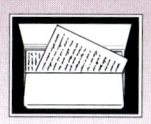

Enwogion Byd Chwaraeon

Dyma rai Cymry sy'n enwog ym myd chwaraeon. Edrychwch ar eu henwau yma ac yna darllenwch y manylion y mae Doethyn wedi eu casglu am ddau ohonynt ar y dudalen nesaf.

Ian Rush, pêl-droediwr, g. 1961

John Dawes, rygbi, g. 1940

Lynn Davies, athletwr, g. 1942

Delyth Morgan, gymnasteg

Cliff Morgan, rygbi, g. 1930

Colin Jackson, clwydwr, g. 1967

Ieuan Evans, rygbi, g. 1964

Mervyn Davies, rygbi, g. 1946

John Charles, pêl-droediwr, g. 1931

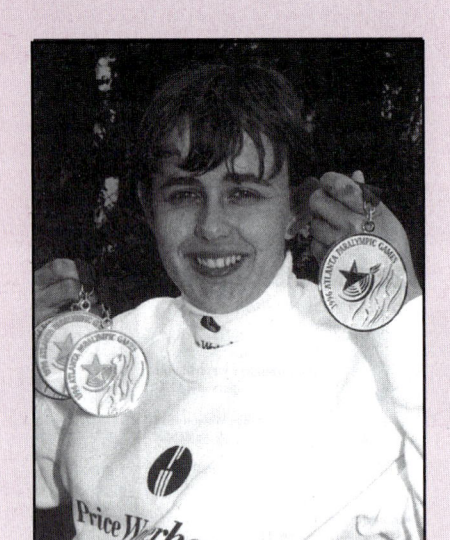

David Broome, neidio ceffylau, g. 1940

Jonathan Davies, rygbi, g. 1962

Tommy Farr, bocsio, 1914–1986

Tracy Edwards, hwylio, g. 1962

Tanni Gray, athletwraig, g. 1969

Gareth Edwards, rygbi, g. 1947

Barry John, rygbi, g. 1945

Jim Driscoll, bocsio, 1881–1925

Gerald Davies, rygbi, g. 1945

Ryan Giggs, pêl-droediwr, g. 1973

Angharad Mair, athletwraig

Tracy Edwards, hwylio, g. 1962

Yn ras Whitbread 1985–86 roedd Tracy Edwards yn coginio ar yr *Atlantic Privateer*. Roedd y bobl oedd wedi wynebu'r her yn dweud nad oedd gan ferched y nerth na'r profiad oedd eu hangen i hwylio mewn ras 32,000 milltir o hyd. Penderfynodd Tracy Edwards brofi eu bod yn anghywir. Gwerthodd ei thŷ a phrynu slŵp 56 troedfedd, ail-law, y *Maiden*. Nid oedd ganddi unrhyw brofiad fel capten ond gofalodd fod y criw yn ferched profiadol.

Enillodd y Maiden ddwy ran gyntaf y ras, un o'r rheini yn golygu hwylio o Dde America i Orllewin Awstralia. Ar derfyn y ras roedd y *Maiden* yn ail yn y gystadleuaeth. Roedd Tracy Edwards wedi profi y gall merched gystadlu â'r dynion mewn ras hwylio o gwmpas y byd.

Colin Jackson, clwydwr, g. 1967.

Enillodd fedal arian yn 21 oed. Pinacl ei yrfa oedd ennill medal aur ym mhencampwriaethau'r byd a thorri record y byd. Ei uchelgais yw ennill medal aur y Gêmau Olympaidd yn Atlanta.

Daeth ei rieni i fyw i Gaerdydd o Jamaica. Mae Colin bob amser yn pwysleisio ei fod yn dod o Gymru, ble bynnag y mae yn y byd. Mae Colin a'i chwaer, Suzanne Packer, sy'n enwog am ei rhan yn yr opera sebon, *Brookside*, wedi bod yn dysgu Cymraeg gyda'i gilydd.

uchelgais: nod ar gyfer y dyfodol

- Chwiliwch am dair ffaith bwysig yn un o'r darnau uchod.
- Casglwch ffeil o ffeithiau am rywun arall sy'n enwog ym myd chwaraeon.
- Dychmygwch mai chi yw hwnnw neu honno.
  Rydych chi'n cystadlu mewn cystadleuaeth bwysig.
  Ysgrifennwch ddyddiadur y diwrnod hwnnw.

Mae Doethyn wedi dechrau'r dasg i chi:

Dydd Sadwrn. Mae'r diwrnod mawr wedi cyrraedd! Codi am 6 o'r gloch y bore, yn rhy gyffrous i aros yn y gwely am eiliad . . .

Portread

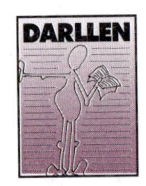

DARLLEN

Sylwch ar y nifer fawr o chwaraewyr rygbi sydd wedi eu henwi yn y rhestr o enwogion ar dudalen 40.

Chwaraewr rygbi a gafodd lawer o sylw yn ystod 1996 oedd Gwyn Jones, Rhif 7 y Crysau Cochion. Yn 1997 fe oedd capten y tîm rygbi fu ar daith drwy Ogledd America ac ennill pob gêm.

Dyma bortread o Gwyn Jones gan ei chwaer, Luned

Rhan 1

O'r eiliad honno pan garlamodd ar y cae i herio'r Eidal, newidiodd popeth. Nid chwaraewr rygbi cyffredin mohono bellach, ond gŵr a gafodd gap dros Gymru. Ond brawd yw Gwyn i mi, nid un o sêr y byd rygbi heddiw, nac arwr newydd i'w ddilyn. Ond sut mae disgrifio brawd?

Mae chwe blynedd yn hŷn na fi. Mae'n dal, yn chwe troedfedd, a chanddo wallt a phryd golau. Ar hyn o bryd mae'n astudio meddygaeth yng Nghaerdydd ac yn chwarae rygbi i dîm rygbi Caerdydd. Gan ei fod yn byw yn y brifddinas, dwi ddim yn ei weld mor aml ag y dymunwn. Ond cawn ambell sgwrs ar y ffôn o bryd i'w gilydd, felly dŷn ni ddim yn colli cysylltiad yn llwyr.

Fel chwaer, dwi'n sicr yn ei weld yn wahanol iawn i bawb arall yng Nghymru sy'n ei nabod drwy gyfweliadau teledu yn unig. Dwi'n gwybod beth yw ei gryfderau a'i wendidau. Mae'n berson gonest iawn, dwi ddim yn credu y byddai yn gwneud cam â neb, ddim hyd yn oed Wil Carling!! Mae'n berson dibynadwy iawn, dwi'n gwybod yn sicr pe bawn i fyth angen ei help mi fyddai yno er fy mwyn. Mae'n gallu bod yn eithaf hael ar brydiau hefyd, weithiau mae'n prynu Mars i mi, ond dim ond os ydw i'n lwcus iawn! Er hyn mae ganddo ei wendidau. Mae e'n styfnig iawn. Gall fod yn ddigon o faich weithiau.

dibynadwy: gair i ddisgrifio rhywun y gellir dibynnu arno
meddygaeth: trin afiechyd
pryd golau: croen golau

Rhan 2

Dwi'n ei edmygu'n fawr. Mae wedi cyrraedd ei nod a chwarae rygbi dros Gymru. Mae hefyd wedi dangos bod ganddo'r penderfyniad a'r amynedd i oresgyn pob anaf. Mae'n anodd gen i gredu bod unrhyw un wedi cael cymaint o anafiadau ac anlwc â Gwyn. Mae yna ryw anaf bob tymor. Hyd yn hyn nid yw wedi gallu chwarae un tymor llawn o rygbi. Mae ei siom yn amlwg, ond y poen mwyaf yw gwylio'r gêmau eraill i gyd ac yntau'n ysu am fod ar y cae ei hun. Ond fe ddaliodd ati i frwydro er gwaethaf popeth. Dyna beth rwy'n ei edmygu a'i barchu amdano yn fwy na dim.

Mae wedi teithio ledled y byd, a chefais innau fynd hefyd. Nid yn unig rwy wedi mynd o un cae mwdlyd i'r llall, yn bump oed a mwy, ond hefyd i wledydd pell fel Canada a Ffrainc. Eleni fe es i Iwerddon a Lloegr i'w gefnogi. Yn anffodus dyw canlyniad pob gêm ddim yn ddelfrydol, ond mae'r gwyliau yn braf, felly pwy all gwyno?

Un nodwedd bwysig o'i gymeriad yw bod ganddo ddigon o hiwmor. Mae'n tynnu coes yn ddidrugaredd weithiau. Yn wir, mae ef a Rhys, fy mrawd arall, yn gallu bod yn boen ar adegau, ond mae'r ddau yn ffrindiau da i mi pan fydd angen.

Dyw Gwyn ddim yn berffaith o bell ffordd, er ei fod e'n meddwl hynny ambell waith! Mae'n frawd da i mi. Does gen i ddim llawer o gŵynion yn ei erbyn, er y byddai ambell ddiwrnod o lonydd, heb y tynnu coes, yn nefoedd!!

---

anaf: niwed
delfrydol: perffaith
edmygu: meddwl yn uchel o rywun
goresgyn: gorchfygu, concro
nod: amcan, pwrpas
ysu: bron â marw eisiau gwneud rhywbeth

YSGRIFENNU

Mae Luned yn defnyddio nifer o ansoddeiriau (geiriau disgrifio) wrth sôn am ei brawd.
Chwiliwch amdanyn nhw a'u rhestru.

Mae Doethyn wedi dechrau'r dasg i chi:

• **tal**, gwallt a phryd **golau** . . .

YSGRIFENNU

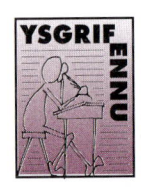

Meddyliwch chi am ragor o ansoddeiriau a'u rhestru.
Cofiwch mai'r ansoddeiriau sy'n disgrifio rhywun sydd yn dangos penderfyniad yw **penderfynol**, a'r ansoddair o amynedd yw **amyneddgar**.
Pa ansoddair sy'n dod o'r geiriau hyn?

Enw	Ansoddair
serch	
cariad	
goddef	
cyfaill	
ffasiwn	
hyder	

Gwnewch restr o ansoddeiriau fyddai'n disgrifio eich ffrind.
Yna, defnyddiwch eich rhestr i ysgrifennu portread ohono ef neu ohoni hi.

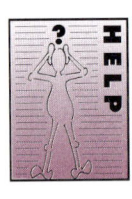

HELP

Wrth ysgrifennu **PORTREAD**, dylech wneud hyn:

1. cyflwyno yr un rydych yn mynd i sôn amdano/amdani — dweud pwy ydyw, ble mae'n byw, ac ati.

2. disgrifio'i olwg/golwg allanol.

3. sôn am ei bersonoliaeth/phersonoliaeth — siriol/diflas, caredig/creulon, bywiog/dioglyd.
Sylwch fod Luned yn rhoi enghraifft i ddangos pam mae hi'n dweud bod Gwyn yn hael neu'n amyneddgar ac ati. Gallech chi wneud yr un peth wrth sôn am eich ffrind.

4. disgrifio'r berthynas sydd rhyngoch.

LLAFAR

Darllenwch rai o'ch portreadau i weddill y grŵp/dosbarth heb enwi'r sawl rydych yn ei ddisgrifio.

All gweddill y grŵp/dosbarth ddyfalu am bwy rydych chi'n sôn?

Casglwch eich portreadau i'w rhoi yn eich cylchgrawn.

Roc, Pop a Gwerin

Cefnogwch y grwpiau Cymraeg!

Y DEG UCHAF —	
Super Furry Animals	2
Bob Delyn a'r Ebillion	6
Diffiniad	7
Steve Eaves a rhai pobl	8
Meic Stevens a'r band	1
Gorky's Zygotic Mynci	4
Catatonia	5
Dafydd Iwan ac Ar Log	3
Sobin a'r Smaeliaid	10
Hen Wlad Fy Mamau	9

YSGRIFENNU Pa rai yw hoff grwpiau eich dosbarth. Trefnwch i gynnal pleidlais a llunio rhestr o'r Deg Uchaf.

Roc

Darllenwch am y grwpiau hyn. **DARLLEN**

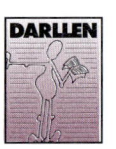

'Prif atyniad Gŵyl Roc y Cnapan eleni'

'*Gwyrth*'

'*troi'r byd â'i ben i lawr*'

Super Furry Animals/ Yr Anifeiliaid Blewog Anhygoel

Cian Ciaron, 19 oed o Ynys Môn — synth
Guto Pryce, 23 oed o Gaerdydd — bas
Gruff Rhys, 25 oed o Fethesda — llais a gitâr
Dafydd Ieuan, 26 oed o Ynys Môn — dryms
Emyr 'Bunf' Bunford o Gaerdydd — gitâr a llais

'perfformiad arallfydol, egnïol, llawn hyder'

'band y foment, bythgofiadwy'

▲ Maen nhw newydd ryddhau eu halbwm cyntaf, *Fuzzy Logic*.
▲ Mae ganddynt ganeuon Saesneg a rhai Cymraeg.
▲ Fis Ebrill bu'r grŵp ar daith i Stockholm, Oslo, Milan, Naoned a Paris i gyd o fewn wythnos.
▲ Y tu allan i Gymru yn Saesneg maen nhw'n canu.
▲ Fis Medi, wedi chwarae sawl gig yn Efrog Newydd, aethant ar daith o Ddulyn i'r Eidal, i Norwy a'r Swistir, Amsterdam a Barcelona.

Dyma ddywedodd Gruff Rhys pan ofynnodd rhywun iddo pam roedd y grŵp yn canu yn Saesneg:

> Y gerddoriaeth yw'r peth pwysicaf. Mae'r ysfa i fynd â cherddoriaeth at bobl mewn gwahanol rannau o'r byd yn gryfach na'r ysfa i aros yng Nghymru. I fi, mae'r alaw ynddi'i hun yn iaith ryngwladol.

HELP

atyniad:	rhywbeth sy'n denu
egnïol:	yn llawn ynni
rhyngwladol:	yn ymwneud â mwy nag un wlad
ysfa:	awydd cryf

46

Hen Wlad fy Mamau

Yn ddiweddar bu'r grŵp yn perfformio yng Ngŵyl Gerddoriaeth Ryngwladol WOMBAD yn Reading. Cawsant dderbyniad gwych a phawb yn frwdfrydig.

'llwyddo i ddod â darn o Gymru i'r clytwaith cerddorol'

'ymateb y dorf yn wych'

'Gwefreiddiol'

'Mae diwylliant Cymru yn fyw ac yn gyfoes'

'...... am y tro cyntaf yn fy mywyd, roeddwn wedi profi'r teimlad o uniaethu gyda cherddoriaeth gyfoes Gymreig'

- ▲ Dyma grŵp Rhys Mwyn a'i frawd Siôn Sebon, a arferai fod yn y grŵp Anhrefn.
- ▲ Maen nhw wedi perfformio yn Ffrainc a'r Iseldiroedd a newydd ddod yn ôl o America.
- ▲ Mae cwmni recordiau *Blue Rose*, Seattle yn bwriadu rhoi rhai o'u caneuon ar eu halbwm newydd.
- ▲ Yn Gymraeg yn unig maen nhw'n canu.
- ▲ Maen nhw'n ceisio dod â cherddoriaeth gyfoes Gymreig a Chymraeg yn rhan o'r mudiad *World Music*.

Dyma ddywedodd Rhys Mwyn wrth sôn am y grŵp:

Mae'n bwysig hyrwyddo cerddoriaeth a hefyd hyrwyddo Cymru a'r Gymraeg. Mae canu Cymraeg yn dal yn hollol sylfaenol i fi a Siôn. Doedd neb yn America yn gofyn, *'Why don't you sing in English?'*

brwdfrydig: brwd, yn eu croesawu; teimlo'n gryf o blaid rhywbeth
cyfoes: yn perthyn i'r oes hon neu'r cyfnod hwn
gwefreiddiol: rhywbeth sy'n gyrru ias drwy berson
hyrwyddo: rhoi hwb ymlaen
uniaethu: teimlo eich bod yn rhannu'r profiad

LLAFAR

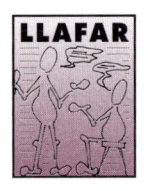

- Cerddoriaeth gyfoes
- Pa iaith?
- Canu yn ddwyieithog?
- Y Gymraeg?
- Y Saesneg?
- Beth yw'r dadleuon?

YSGRIFENNU

Beth yw eich barn chi?

1. Ar gopi o'r tabl rhowch ✓ yn y blwch cywir i ddweud ydych chi'n cytuno neu'n anghytuno.

Gosodiad	cytuno	anghytuno
Mae geiriau'r caneuon yn bwysig		
Yn Gymraeg yn unig y dylai'r grwpiau ganu		
Dydyn nhw ddim yn gallu bod yn boblogaidd na chyrraedd cynulleidfa eang heb ganu yn Saesneg		
Fe ddylen nhw ganu yn Gymraeg y tu allan i Gymru		
Mae sgôp i ganu dwyieithog		
Mae grwpiau Cymraeg yn bont i Gymry Cymraeg a di-Gymraeg ddod at ei gilydd		
Mae'r agwedd mai yn Saesneg mae llwyddo yn wasaidd		
Canu yn Gymraeg sy'n eu gwneud yn wahanol i grwpiau o wledydd eraill		
Dylen nhw fod yn falch o fod yn Gymry ac yn falch o'u hiaith		

gwasaidd: ymddwyn fel gwas, yn israddol

2. Ysgrifennwch baragraff am eich hoff grŵp. Oes gennych chi lun i'w roi gyda'ch gwybodaeth?

3. Dyluniwch boster yn hysbysebu gig gan eich hoff grŵp.

Casglwch eich gwaith i'w gynnwys yn eich cylchgrawn.

Gwerin

DARLLEN Darllenwch y wybodaeth am gantorion gwerin sydd ar y dudalen hon a'r nesaf.

Gŵyl Werin y Cnapan

'hwyl i bawb o bob oed'

'Gwych. Gwych. Gwych. Wy'n ffaelu disgwyl am y flwyddyn nesaf.'

Sesiwn Fawr Dolgellau

'un o brif ddigwyddiadau Cymru . . . rhywbeth at ddant pawb.'

Sesiwn Fawr Dolgellau 19-21 Gorff 96

GALEFORCE ✶ SIAN JAMES
CLASAC (EIRE) ✶ MONIARS
GWERINOS ✶ BRANWEN
MEIC STEVENS ✶ DIDUELL (BREIZ)
PIGYN CLUST ✶ POTIN
BANDARALL ✶ DELWYN SIÔN
CROMLECH ✶ Y DYNION HYSBYS
PETIT FILLE & THE ACADIANS
SILLY BILLY & CANDY FLOSS
J O JONES ✶ MAIR TOMOS IFANS
MEDWYN WILLIAMS ✶ ALMANAC
CWMNI'R CORTYN
BAND Y BONGO

a llawer mwy . . . .

Mae **Siân James** yn un o sêr gwerin a phop enwocaf Cymru. Roedd hi'n canu yn y grŵp **Bwchadanas**. Mae'n perfformio ar ei phen ei hun gan amlaf erbyn hyn. Ei llun hi sydd ar y poster uchod.

Ar ei chasét cyntaf, *Cysgodion Karma,* mae cymysgedd o alawon gwerin traddodiadol ac alawon gwerin modern.

at ddant pawb:	yn apelio at bawb
traddodiadol:	gair i ddisgrifio rhywbeth sydd yn perthyn i'r gorffennol
ym mhedwar ban byd:	ym mhob rhan o'r byd i gyd

Bob Delyn a'r Ebillion

Dyma un o grwpiau gwerin mwyaf poblogaidd Cymru. Twm Morys yw lleisydd y grŵp. Mae hefyd yn canu'r delyn ac yn hoffi'r organ geg. *Sgwarnogod Bach Bob* oedd enw eu halbwm cyntaf ac mae eu ffans yn dwli ar y caneuon hynny. Bu'r Hen Benillion yn sail i lawer o'u caneuon ers hynny. Dyma un hen bennill:

> Dydd Llun, dydd Mawrth, dydd Mercher
> Mi fûm yn gwario f'amser,
> Wyddwn i ddim fy mod i ar fai
> Nes daeth dydd Iau, dydd Gwener.

Mae'r cwlwm Celtaidd yn bwysig i rai o'r grwpiau gwerin. Mae canu gwerin yn boblogaidd yn Iwerddon ac yn Llydaw a'r miwsig dawns yn gyffrous.

Mae dylanwad Iwerddon ar ganu'r **Moniars** a dylanwad Llydaw ar ganeuon Bob Delyn a'r Ebillion. Mae alawon traddodiadol Llydaw yn gweu eu ffordd drwy'r caneuon sydd ar y cryno ddisg newydd, *Gwybade Bach Cochlyd*.

dylanwad:	effaith ar rywun arall
hen benillion:	penillion telyn, barddoniaeth werin boblogaidd
lleisydd:	un sy'n canu

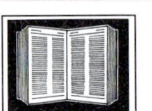

Twm Morys
Edwin Humphries
Nolwenn Korbell
Jamie Dore a Heflin Huws (isod)
Lluniau: Keith Morris a Martin Roberts

Grwpiau eraill sydd yn hoffi caneuon gwerin yw Ogam, Mynediad am Ddim, Hergwd, Tra Bo Dau a'r Henesseys. Mae Meic Stevens a Tecwyn Ifan yn enwau poblogaidd hefyd.

Ydych chi'n gwybod rhai o'r Hen Benillion? Maent yn syml ac yn hawdd eu cofio.

Dyma fwy o enghreifftiau o Hen Benillion i chi. Sylwch ar y patrwm odli:

a) Mae gennyf gariad fechan si**ort**,
   Ac am ei phen rwyf yn cael sb**ort**,
   O ben y stôl mae'n estyn cus**an**,
   O bobol bach, mae hi'n beth fech**an**!

b) Pan fo seren yn rhagor**i**,
   Fe fydd pawb â'i olwg arn**i**;
   Pan ddêl unwaith gwmwl drost**i**,
   Ni fydd mwy o sôn amdan**i**.

Mae patrwm odli'r pennill nesaf, yr un fath â'r pennill sydd ar dudalen 50:

c) Gwylan fach adneb**ydd**,
   Pan fo'n gyfnewid tyw**ydd**,
   Hi hed yn deg ar adain w**en**
   O'r môr i b**en** y myn**ydd**.

Ysgrifennwch bennill ar yr un patrwm ag **a)** neu **b)** neu **c)**? Casglwch eich penillion i'w rhoi yn eich cylchgrawn.

Cyf-weld

DARLLEN 'Band newydd o Gymru sy'n derbyn llawer o sylw gan y diwydiant cerddoriaeth Seisnig.'

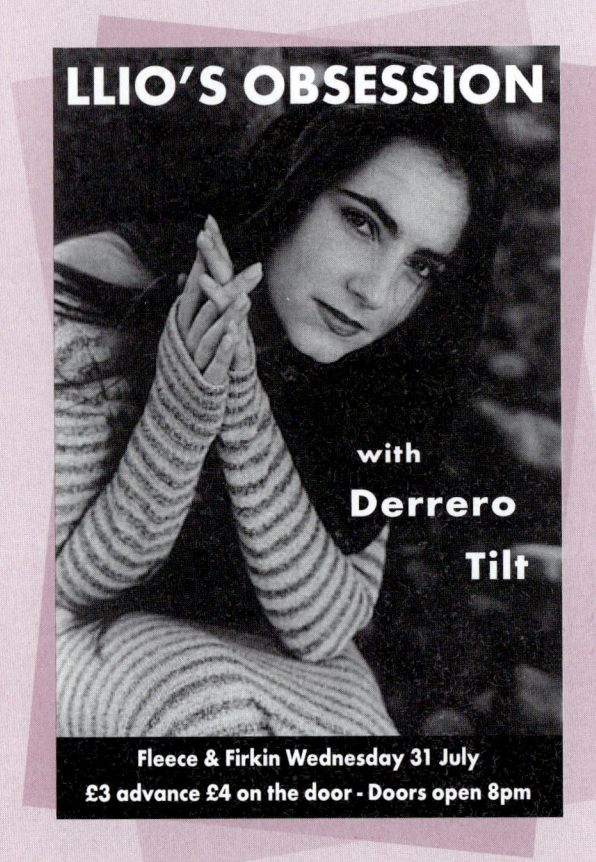

Bu ei brawd Andras yn sgwrsio â Llio i roi darlun i ni o'i bywyd. Dyma gynnwys ei gyfweliad â hi.

LLIO'S OBSESSION

with Derrero Tilt

Fleece & Firkin Wednesday 31 July
£3 advance £4 on the door · Doors open 8pm

Cantores, dawnsreg ac actores: mae Llio Millward yn gyfarwydd fel un o sêr S4C. Fe'i gwelsom yn ei chyfresi ei hun, yn yr opera sebon *Dinas*, yn y ffilm ryngwladol *Elenya*.

Gan fy mod i'n frawd iddi, rwy'n gwybod yn iawn mai dim ond un ochr yn unig o fywyd Llio yw hyn i gyd. Mae Llio yn — wel, gadewch i Llio esbonio . . .

Beth wyt ti'n ei wneud ar hyn o bryd?
Ar hyn o bryd rwy'n ffilmio cyfres ddrama deledu. Ond, yn ogystal â hynny mae gen i fy mand, *Llio's Obsession*, sy'n cymryd lot o f'amser. Rwy'n cyfansoddi, recordio a gigio yn weddol gyson.

Beth yw dy gynlluniau am y dyfodol?
Mae gen i obeithion mawr am y band. Rwy hefyd eisiau cadw 'mlaen i weithio fel actores, p'run ai ar y teledu, ffilmiau, actio ar y llwyfan, be' bynnag.

Mae'n anodd cynllunio'n fanwl am y dyfodol. Rhaid i mi gymryd y *jobs* rwy'n cael eu cynnig. Mae gen i fwy o reolaeth dros ddyfodol y band ond rwy'n sicr am gario 'mlaen i actio.

Sut wyt ti'n ymlacio?
Rwy'n hoffi gwrando ar lot o fiwsig. Ond mae lot o'r amser sbâr sy gen i yn cael ei roi i'r band. A dweud y gwir, dydw i byth yn teimlo bod gen i amser sbâr. Rwy wastad yn teimlo pwysau i sgrifennu caneuon newydd.

Wyt ti ddim yn cael amser i wneud unrhyw beth arall?
Wel, rwy'n dwli ar y sinema. Rwy'n hoffi ffilmiau sy'n ymwneud â phroblemau dynol yn hytrach na ffilmiau *action*. Wrth gwrs, dwi hefyd yn *hooked* ar raglenni trafod a phroblemau fel rhai Oprah, Rikki Lake a Montell Williams.

Oes gen ti gyngor ar gyfer unrhyw un sydd am wneud rhywbeth tebyg i ti?
Peidiwch! O ddifri, mae'n rhaid eich bod chi'n wirioneddol eisiau canu neu actio am nad oes dewis gynnoch chi, nid jest am eich bod chi'n ffansïo gwneud hynny. Mae'n fusnes mor galed — ond, os dyna'r unig beth all eich gwneud chi'n hapus, pob lwc!

GWYLIO / LLAFAR
Gwyliwch y tâp fideo sy'n cyd-fynd â'r gyfres hon. Cewch glywed nifer o ganeuon poblogaidd.
Dychmygwch eich bod chi'n dewis **Cân i Gymru**.
Yn eich grwpiau rhowch farc allan o ddeg i bob perfformiad.
Gosodwch y perfformiadau yn eu trefn drwy gyfrif cyfanswm y marciau yn eich dosbarth.

- Pa gân oeddech chi yn ei hoffi orau? Pam?
- Beth sydd bwysicaf i chi — y geiriau neu'r miwsig?
- A fyddech chi'n prynu record neu gasét un o'r grwpiau neu ganwr neu gantores unigol?
- Ydy golwg a gwisg yn bwysig?

YSGRIFENNU
Lluniwch ffeil o ffeithiau am unrhyw un sy'n enwog ym myd cerddoriaeth. Penderfynwch pa gwestiynau byddech chi yn eu gofyn pe baech chi yn ei gyf-weld ef neu hi.

LLAFAR
Gweithiwch mewn parau. Gofynnwch eich cwestiynau i'ch partner. Gall ef/hi ddefnyddio eich ffeil o ffeithiau i'ch ateb. Recordiwch eich sgwrs.

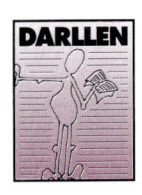

Theatr

Mae drama, opera a sioe gerdd yn adloniant poblogaidd. Dros y blynyddoedd diwethaf mae llawer o blant ysgol yng Nghymru wedi cymryd rhan mewn sioeau cerdd yn eu hysgolion neu o bosibl yn Eisteddfodau'r Urdd neu'r Eisteddfod Genedlaethol.

Eleni roedd Ysgol Penweddig yn perfformio sioe gerdd gyda'r teitl *Pum Diwrnod o Ryddid*. Roedd y sioe yn cyflwyno hanes gwrthdaro rhwng y dosbarth gweithiol (y werin) a'r meistri diwydiannol cyfoethog (y bonedd) yn ardal Llanidloes yn 1839. Roedd yr ardal yn enwog am ei diwydiant gwlân. Eisiau cael Y Siarter a fyddai'n rhoi hawl iddyn nhw bleidleisio roedd y gweithwyr.

Cafodd tri o'u harweinwyr eu harestio a'u carcharu mewn gwesty yn y dref. Ymosododd y dorf ar y gwesty a'u rhyddhau. Anfonodd Marsh, Maer y dref, am y milwyr. Llwyddodd y bobl i reoli'r dref am bum diwrnod. Ond yn y diwedd daliodd y milwyr yr arweinwyr. Cafodd tri ohonyn nhw eu halltudio ac eraill eu carcharu.

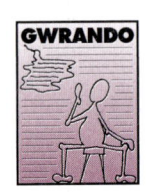

Gwrandewch ar y tâp sain sy'n cyd-fynd â'r gyfres hon. Cewch glywed rhai o ddisgyblion Ysgol Penweddig yn sôn am eu profiad wrth baratoi a pherfformio yn y sioe gerdd.

- Beth mae'r disgyblion yn ei ddweud am y paratoi a'r perfformio? Oedden nhw wedi mwynhau cymryd rhan?

Y SIARTER

1. Pleidlais i bob dyn dros 21 oed.
2. Pleidlais gudd.
3. Nid cyfoeth ac eiddo yw sail aelodaeth seneddol.
4. Aelodau Seneddol cyflogedig.
5. Etholaethau cyfartal.
6. Etholiadau blynyddol.

- Pe baech chi'n cael dewis chwarae un o'r rhannau, pa ran byddech chi'n ei dewis? Ai rhan Marged, morwyn y Maer; Ann y dafarnwraig; Marsh, y Maer; neu Morris, un o'r arwyr? Pam?

- Ydych chi yn cytuno bod cyflwyno sioe gerdd yn syniad da i ddysgu Hanes?

- Ydy eich ysgol chi wedi cyflwyno sioe gerdd, opera neu ddrama?
  Pa un neu pa rai?
  Dewiswch un perfformiad i sgwrsio amdano. Beth oedd y teitl?
  Am beth roedd yn sôn?

- Ydych chi wedi cymryd rhan mewn sioe gerdd neu ddrama yn eich ysgol?
  Pa ran? Wnaethoch chi fwynhau'r profiad?

Rhaglenni S4C

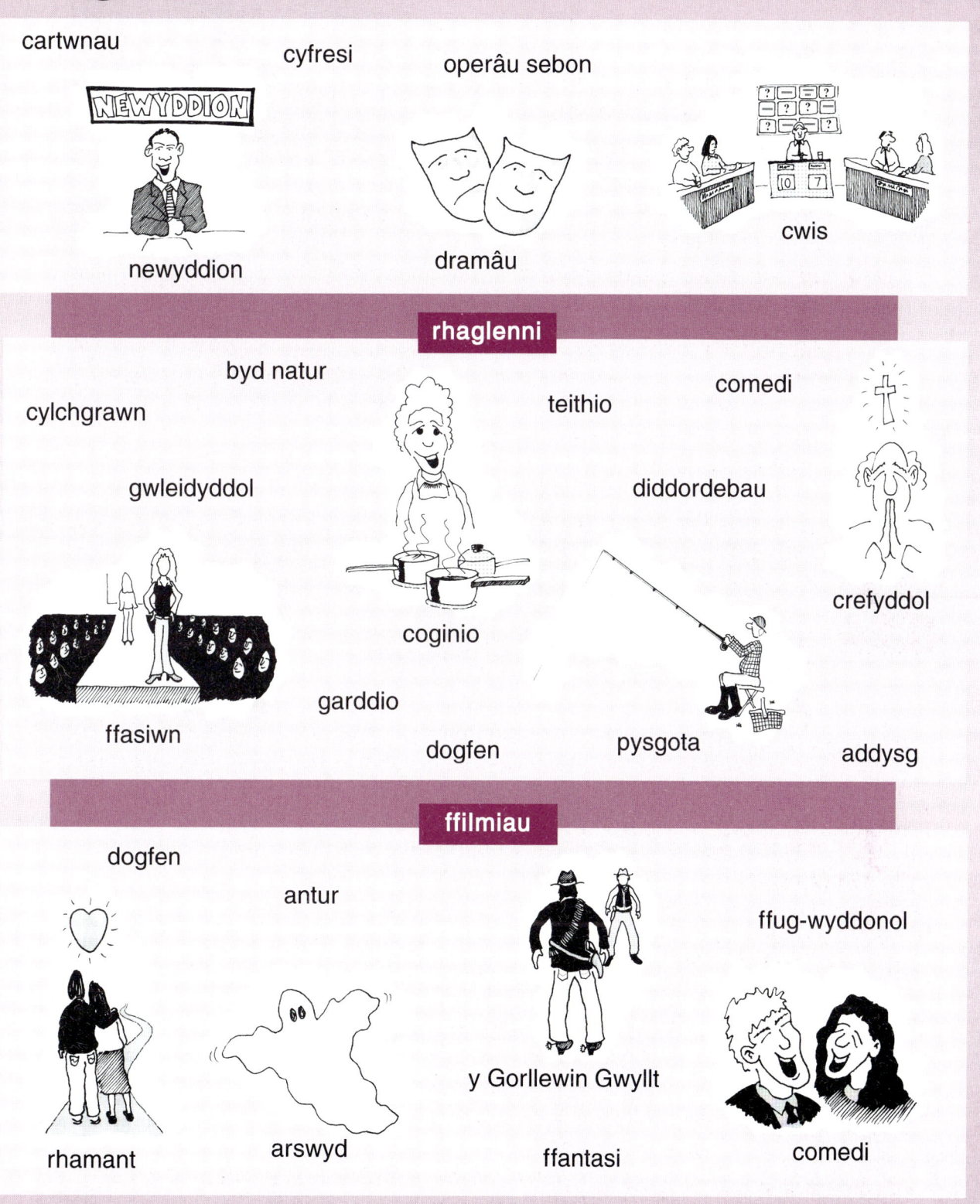

cartwnau   cyfresi   operâu sebon

newyddion   dramâu   cwis

rhaglenni

cylchgrawn   byd natur   teithio   comedi

gwleidyddol   diddordebau   crefyddol

coginio   garddio   pysgota   addysg

ffasiwn   dogfen

ffilmiau

dogfen   antur   ffug-wyddonol

rhamant   arswyd   y Gorllewin Gwyllt   ffantasi   comedi

Allech chi roi enghraifft o raglen neu ffilm sy'n perthyn i bob dosbarth?

55

Cyfresi teledu
Gogs

Mae'r teulu plastisîn o Gymru yn enwog, ar ôl iddyn nhw ennill nifer o wobrau rhyngwladol. Teulu digon afreolus ydyn nhw, yn perthyn i gyfnod yr arth a'r blaidd.

afreolus: gair sy'n disgrifio rhywun sy'n amhosibl ei reoli.

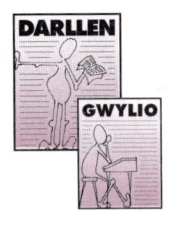

Edrychwch ar y darn o'r gyfres *Gogs* sydd ar y tâp fideo sy'n cyd-fynd â'r gyfrol hon. Ar y dudalen gyferbyn â hon mae nifer o frawddegau sy'n dweud beth ddigwyddodd yn y stori sydd ar y tâp fideo ond dydyn nhw ddim yn y drefn iawn. Gofynnwch i'ch athro neu athrawes am gopi o'r dudalen, un copi i bob grŵp. Chwiliwch yn y geiriadur am ystyr unrhyw air anodd.

Defnyddiwch siswrn i dorri rhwng pob brawddeg.
Yn eich grwpiau rhowch y brawddegau yn eu trefn gywir.

Darllenwch eich stori i'r grwpiau eraill.
Ydyn nhw'n cytuno eich bod wedi adrodd y stori yn iawn?
Edrychwch eto ar y tâp fideo i wneud yn siŵr.

Defnyddiwch y brawddegau sydd erbyn hyn yn y drefn gywir i lunio stori stribed. Tybed beth fyddai'r cymeriadau yn ei ddweud pe gallen nhw siarad? Rhowch eiriau neu frawddegau byr mewn swigod.
Rhannwch y gwaith yn gyfartal rhwng aelodau'r dosbarth.

Mae Doethyn wedi gwneud un llun i'ch helpu. Fel hyn mae'r stori'n diweddu:

Oes rhaid i mi wneud popeth fy hun?

Ysgrifennwch chi frawddeg o dan y llun.

Cusanodd y fam y tad.

Mae'r tad a'r mab yn mynd i hela â ffon dafl, gwaywffon, bwyell a phastwn.

Yn y goedwig gwelodd y tad a'r bachgen ddeinosor bach yn bwyta dail.

Taflodd y bachgen y waywffon at y deinosor.

Ceisiodd y tad fwrw'r deinosor â'i bastwn.

Roedd y deinosor yn dyrnu a chicio'r bachgen.

Ceisiodd y tad a'r mab ddianc o'r goedwig.

Daeth deinosor mawr i'r goedwig.

Aeth y taid i'r goedwig gyda'r tad a'r bachgen.

Syrthiodd y tad a'r bachgen dros y clogwyn.

Clymodd y taid y bachgen wrth goeden.

Taenodd y tad ddail dros geg y twll i wneud trap.

Daeth anifail gwyllt blewog, tebyg i hwrdd, i'r goedwig.

Sgrechiodd y bachgen.

Aeth y tad a'r taid i gysgu.

Rhedodd y taid i ymosod ar yr hwrdd ac achub y bachgen.

Rhuthrodd yr hwrdd a hollti'r goeden.

Syrthiodd y tad i'r twll.

Chwythodd y taid ei gorn hela.

Syrthiodd y goeden dros geg y twll a safodd yr hwrdd ar ben y goeden.

Daeth y fam i'r goedwig, dychryn yr hwrdd a llusgo'r tad a'r taid adre'.

Iechyd Da

DARLLEN

Ar y tâp fideo sy'n cyd-fynd â'r gyfrol hon, mae darn o'r gyfres *Iechyd Da*. Hanes helyntion swyddog iechyd yr amgylchedd sydd yn y gyfres. Dywedodd cyfarwyddwr y gyfres ei bod yn awyddus i'r gyfres ddangos lle mor arbennig yw Cymoedd y De.

Dyma ddwy olwg ar y Cymoedd.

Y tîm sy'n gweithio yn y swyddfa yw

Huw Morgan (y Gogleddwr), Gareth Richards, Liz Egan ac Emrys Davies, y bos.

amgylchedd: amgylchfyd, popeth sydd o'n cwmpas

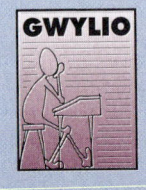

GWYLIO

Gwyliwch y darn sydd ar y tâp fideo.

58

LLAFAR

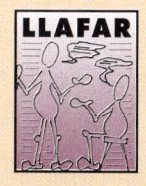

Ar ôl i chi wylio'r fideo siaradwch am y rhaglen.
Hon oedd y rhaglen gyntaf yn y gyfres. Roedd cyfle ynddi i gwrdd â'r cymeriadau.

- Sut groeso gafodd Huw Morgan yn y Cwm? Beth oedd agwedd y cymeriadau at Huw ac yntau'n Ogleddwr?

- Siaradwch am y broblem oedd yn wynebu'r tîm. Ydyn nhw'n cytuno sut i ddatrys y broblem?

- Â phwy rydych chi'n cydymdeimlo, yr hen ŵr neu ei gymdogion?

- Pa un o'r cymeriadau byddech chi'n hoffi ei gyf-weld/chyf-weld. Pam?

- Sut byddech chi wedi datrys y broblem?

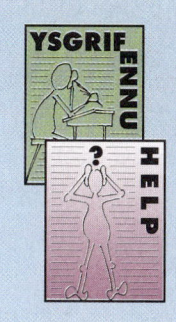

YSGRIFENNU HELP

1. Ysgrifennwch y crynodeb a allai fod wedi ymddangos yn *Sgrîn* cyn i'r rhaglen gael ei darlledu.

   Mae Doethyn wedi dechrau'r dasg i'ch helpu:

   Iechyd Da

   Mae hen ŵr . . . Beth yw barn y cymdogion? . . .

2. Gan esgus mai chi yw'r gohebydd ysgrifennwch hanes y digwyddiad hwn i'r papur lleol. Dyma Doethyn i'ch helpu:

   Bu'n rhaid i Swyddog Iechyd yr Amgylchedd fynd i gartref . . .
   Roedd y cymdogion . . .

   Cofiwch y byddwch eisiau dweud beth ddigwyddodd, ym mhle, pwy sy'n bwysig yn y stori a sôn am ymateb pobl eraill.

3. Ysgrifennwch baragraff neu ddau am un o'ch hoff raglenni teledu.

Gall pob grŵp nawr gynllunio tudalen neu ddwy o wybodaeth ar raglenni teledu i'w cynnwys yn eich cylchgrawn.

Ffilmiau

Mae'r diwydiant ffilm yn gant oed erbyn hyn. Dyma rai ffilmiau'n ymwneud â Chymru a'r flwyddyn y cafodd pob ffilm ei gwneud:

- ▲ 1918 – *The Life Story of David Lloyd George*. Bu'r ffilm hon ar goll tan 1994. Cafodd ei dangos am y tro cyntaf yn 1996.

- ▲ 1940 – *Proud Valley*, stori am fywyd cwm glofaol yn Ne Cymru. Cafodd ei ffilmio yn y Rhondda.

- ▲ 1941 – *How Green Was My Valley*, yn dangos bywyd y glöwr Cymreig. Enillodd bum Oscar. Cafodd ei ffilmio yn California.

- ▲ 1943 – *The Silent Village,* yn darlunio'r drosedd pan gafodd pentrefwyr Lidice yn Czechoslovakia eu llofruddio gan y Natsïaid. Cafodd ei ffilmio yng Nghwmgïedd.

- ▲ 1949 Emlyn Willliams yn cyfarwyddo *The Last Days of Dolwyn*. Ffilm sy'n sôn am foddi pentref yw hon. Cafodd ei ffilmio yn Rhyd-y-main.

- ▲ 1958 – *The Inn of the Sixth Happiness*. Cenhades yw arwres y ffilm. Fe achubodd griw o blant o ganol y rhyfela yn China. Cafodd ei ffilmio yn Eryri.

- ▲ 1995 *First Knight* — Ffilm sy'n adrodd y chwedl am y Brenin Arthur a Camelot. Cafodd ei ffilmio ym mynyddoedd Eryri. Cafodd castell ffug ei adeiladu ar lan y llyn yn Nhrawsfynydd. Ffilm ramant ac antur yw hon a Sean Connery a Richard Gere yn enwau pwysig i ddenu'r gwylwyr.

- ▲ 1995 – *An Englishman who went up a hill and came down a mountain* — hanes grŵp o bentrefwyr Cymreig yn ystod y Rhyfel Byd Cyntaf. Cafodd ei ffilmio yn Llanrhaeadr-ym-Mochnant gyda Hugh Grant fel prif gymeriad.

> **lleoli:** gosod mewn man arbennig
> **trosedd:** gweithred ddrwg sy'n torri'r gyfraith

Mae golygfeydd Cymru wedi denu cyfarwyddwyr a gwŷr camera yma i ffilmio sawl gwaith. Cafodd rhannau o *Sabu, the Elephant Boy* ei ffilmio yng Nghwm Bychan yn Ardudwy. Cafodd plant yr ardal fodd i fyw yn gwylio'r eliffantod!

> **YSGRIFENNU**
> Mae 6 o'r ffilmiau a enwyd wedi eu lleoli yng Nghymru. Dangoswch ar eich map o Gymru ble mae'r 5 ardal a enwir.

LLAFAR
Wyddoch chi am fan yn eich ardal chi fyddai'n ddelfrydol i ffilmio ynddi?
Pa fath o ffilm fyddai'n addas i'w lleoli yno? Pam?

DARLLEN

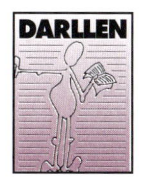

Pan oedd y cwmni yn ffilmio *First Knight* cafodd pobl leol eu gwahodd i fod yn ecstras yn y ffilm. Dyma bwt o ddyddiadur Angharad, un o'r merched a gafodd ei dewis i gymryd rhan yn *First Knight*:

Nos Lun

Cyrraedd cyn chwech y nos. Gwisgo fy nillad a 'sgidia'— ffrog o frethyn trwm fel sach, o liw glas gola' a ffedog drwm drosti a 'sgidia' swêd bach llwyd — a mynd i gael colur a gwneud fy ngwallt. Wedi cael bwyd, mynd i lawr i'r set — y castell pren — gan wisgo wellingtons achos yr holl fwd.

Dechre bwrw glaw! Ar ôl dwy awr mynd i gysgu ar y mat gwlyb a breuddwydio am gael actio efo Richard a Sean.

Glaw wedi peidio. Lawr i'r castell i sefyll wrth y porth a meimio clapio dwylo a chwifio breichiau wrth i'r Brenin a'i wraig ddod i Camelot. Ac y mae'r cyfan drosodd!

Pedwar o'r gloch y bore. A dyma sylweddoli'r realiti — ecstra ydi un sy'n gwneud fel mae pobl eraill yn ei ddweud ac yn rhedeg pan fydd eraill yn dweud.

Addasiad o *Golwg*

---

brethyn: deunydd garw

LLAFAR

▲ Ydych chi'n meddwl bod Angharad wedi mwynhau'r profiad?

▲ Ydych chi'n meddwl y bydd hi'n fodlon cymryd rhan fel ecstra mewn ffilm eto?

Sylwch fod yma ddisgrifiad o beth mae Angharad yn ei wisgo ac o'r hyn mae'n rhaid iddi ei wneud o flaen y camera. Dychmygwch eich bod chi yn cael cynnig rhan ecstra mewn unrhyw ffilm rydych chi'n gwybod yn dda amdani. Gallech fod yn un o'r criw ar long ofod neu yn herwr, yn byw mewn ogof neu yn y coed gyda Twm Siôn Cati neu Robin Hood er enghraifft.

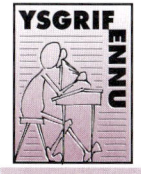

YSGRIFENNU

Ysgrifennwch baragraff neu ddau am eich profiad dychmygol. Disgrifiwch:

▲ eich gwisg   ▲ beth fyddai'n digwydd   ▲ beth fyddai eich rhan

▲ Fyddech chi wedi mwynhau'r profiad?

Ffilmiau Cymraeg

▲ 1935 – Y ffilm sain Gymraeg gyntaf — *Y Chwarelwr* — yn darlunio bywyd chwarelwyr Blaenau Ffestiniog.

▲ 1987 Dwy ffilm Gymraeg yn agor yn Llundain – *Milwr Bychan* a *Rhosyn a Rhith*

▲ 1989 – *O.M.*, hanes bywyd Syr O.M. Edwards

▲ 1991 – *Un nos Ola' Leuad* — addasiad o nofel Caradog Pritchard

▲ 1994 – *Hedd Wyn*, y ffilm Gymraeg gyntaf i gael ei henwebu fel Y Ffilm Orau mewn Iaith Dramor ar gyfer Oscar. Ffilm sy'n darlunio bywyd y bardd o Drawsfynydd a gollodd ei fywyd yn y Rhyfel Mawr yw hon. Roedd Hedd Wyn wedi ennill Cadair Eisteddfod Genedlaethol Penbedw ond bu farw cyn wythnos yr Eisteddfod. Ar ddiwrnod y Cadeirio roedd gorchudd du dros y gadair ar lwyfan yr Eisteddfod. Dyma'r Gadair Ddu.

Cafodd nifer o ffilmiau eu gwneud ar gyfer y teledu hefyd, fel *Joni Jones, Gwenoliaid, Tân ar y Comin, Y Llyffant, Te yn y Grug*.

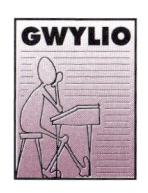

GWYLIO — Mae darn o'r ffilm *Y Fargen* ar y tâp fideo sy'n cyd-fynd â'r gyfrol hon. Ffilm sy'n darlunio bywyd mewn cyfnod beth amser yn ôl yw hi. Chwiliwch am dystiolaeth sy'n dweud wrthych chi am ba gyfnod mae'n sôn.

YSGRIFENNU

1. Ysgrifennwch yn gryno beth yw'r dystiolaeth a rhoi ✓ yn y tabl i ddangos sut rydych chi wedi cael y wybodaeth. Mae enghraifft i chi yn y tabl.

Tystiolaeth	gweld	clywed
marchnad ar y stryd	✓	

2. Pan oedd Ceri yn sôn am ei diddordeb yn yr orca (tudalen 33) dywedodd ei bod hi wedi gwylio pob fideo sydd ar gael am *Free Willy* a'u gwylio sawl gwaith. Oes gennych chi hoff fideo?

LLAFAR — Gweithiwch gyda'ch partner gan chwarae rôl.
Dychmygwch fod un ohonoch yn cadw siop fideo. Mae'r llall yn dod i ofyn eich cyngor. Mae eisiau i chi ddweud pa fideo byddai ef neu hi yn debyg o'i fwynhau.
Dywedwch wrtho neu wrthi am eich hoff fideo chi.

YSGRIFENNU — Ysgrifennwch baragraff byr am eich hoff fideo.

DARLLEN Darllenwch yr Adolygiad hwn ar ffilm ddiweddar:

James and the Giant Peach, addasiad o stori Roald Dahl.

Dyma un o ffilmiau diweddara' cwmni Disney. Cafodd Roald Dahl ei eni yng Nghaerdydd. Bu'n ffefryn mawr fel storïwr plant.

Bachgen bach unig sydd yng ngofal dwy fodryb gas yw prif gymeriad y stori. Mae'n cael tafodau crocodeil i'w plannu ac yn tyfu eirinen wlanog anferth yn yr ardd. Yna, mae'n dringo i mewn i'r eirinen wlanog, yn newid yn byped bach pren ac yn hwylio ar y môr i Efrog Newydd. Ar ei antur mae ganddo gwmni anghyffredin iawn, criw o bryfed. Byd breuddwydion a ffantasi yw hwn.

Mae yna animeiddio gwych yn y ffilm a cherddoriaeth gyffrous. Lluniau cyfrifiadur yw rhai o'r gelynion sy'n peryglu bywydau James a'i ffrindiau. Bydd y ffilm yn apelio at blant ac oedolion. Cafodd llawer ohonom bleser di-ben-draw yn darllen y stori. Mae'r ffilm yn addasiad gwych.

YSGRIFENNU Ysgrifennwch am eich hoff ffilm. Cofiwch wneud y pethau hyn:

▲ sôn yn gryno am y stori ond gofalu peidio â dweud gormod o'r cyfrinachau

▲ sôn am y cymeriadau a sut maen nhw'n siarad — y ddeialog

▲ sôn sut mae awdur yn cadw diddordeb y gwyliwr — disgrifio da, creu awyrgylch, darlunio cyffro

▲ tynnu sylw at effeithiau sain, cerddoriaeth efallai, y gwisgoedd a'r set

▲ dweud pam roeddech chi'n bersonol yn hoffi'r ffilm.

---

addasiad: ffurf sydd wedi ei newid, yma stori lyfr sydd wedi ei newid i'w gwneud yn fwy addas i'r sgrîn

Cofiwch gasglu eich adolygiadau ar gyfer eich cylchgrawn.

Posau a Chwis

Allech chi ddyfalu? Beth sydd:

1. heb gorff ond mae ganddo ben a throed?
2. heb goesau ond mae'n cerdded?
3. â phig ond nid yw'n canu?
4. â thafod ond nid yw'n siarad?
5. yn chwythu ond does ganddo ddim ysgyfaint?
6. â chlust ond nid yw'n clywed?
7. yn gwenu ond does ganddo ddim ceg?
8. heb goesau ond yn rhedeg yn gyflym, mae ganddi wely ond nid yw'n cysgu ac y mae ganddi geg ond nid yw'n gwenu?

CWIS

1. Pa bryd ac ym mhle y dangoswyd y ffilm gyntaf?

2. Pwy oedd y difyrrwr mwyaf poblogaidd yn y dyddiau cynnar?

3. Pwy yw'r actor o Gymru enillodd Oscar am ei berfformiad yn *The Silence of the Lambs*?

4. Pwy yw'r dyn o Awstralia sydd wrth ei fodd yn gwneud lluniau ac sydd yn Gymro o waed?

5. Beth yw enw'r opera sebon sydd wedi ei lleoli yn nociau Caerdydd?

6. Pwy sy'n chwarae rhan Maria Monks yn y gyfres?

7. Yn yr opera sebon *Eastenders*, beth yw enw'r cymeriad sy'n Gymro?

8. Pwy yw'r seren ym myd adloniant gafodd ei geni yn Tiger Bay, Caerdydd?

9. Pa Gymro enillodd Bencampwriaeth Snwcer y Byd yn 1979?

10. Enwch chwaraewr rygbi adawodd Gymru i chwarae rygbi'r gynghrair yn 1988. Fe oedd y cyntaf ohonynt i gael ei ddenu'n ôl.

Chwiliwch am fwy o ffeithiau diddorol am fyd y ffilm neu'r teledu neu fyd chwaraeon. Ysgrifennwch gwestiynau i gynnal cwis yn y dosbarth. Dylai pob grŵp baratoi deg o gwestiynau i'w gofyn i'r grwpiau eraill.

Newyddion

DARLLEN Darllenwch y pigion o'r newyddion o Gymru sydd ar y dudalen hon:

O Ben Llŷn i Ben Draw'r Byd: disgyblion Aberdaron yn defnyddio'r Rhyngrwyd i ddilyn llwybrau Richard Tudor sy'n hwylio o amgylch y byd.

Adeiladau yn Dadfeilio: angen gwario £28 miliwn ar adeiladau ysgolion Castell Nedd a Phort Talbot.

Gwregysau ym mhob bws mini: deddfu i ddiogelu plant ysgol.

Glaw! Glaw! Glaw!: Llifogydd yn creu difrod.

Ysgol ar dân: dynion y frigâd dân yn ymladd yn erbyn y fflamau yn Ysgol Sandfields.

6,000 o Swyddi Newydd: Cwmni o Korea yn codi ffatri yng Nghasnewydd.

Cwrs disgyblion TGAU: Gwŷr busnes yn helpu disgyblion i baratoi ar gyfer eu harholiadau.

Gwyrth y Glannau: Gwyliwr y glannau yn plymio dros y clogwyn i draeth Llangrannog. Mae'n wyrth ei fod yn fyw.

Codi'r Safon: y Llywodraeth yn dadlau y dylai disgyblion ysgol wneud mwy o waith cartref.

GWYLIO Gwyliwch y tâp fideo sy'n cyd-fynd â'r gyfrol hon. Mae 4 eitem o'r newyddion uchod ar y tâp. Wrth wylio, ysgrifennwch nodiadau i'ch helpu i wneud y dasg sydd ar dudalen 69.

GWRANDO / LLAFAR Gwrandewch ar ddisgyblion Ysgol Penglais yn siarad am un o'r storïau. Siaradwch chi yn eich grwpiau:

▲ Beth yw'ch barn chi am wneud mwy o waith cartref?

▲ Ydych chi'n meddwl ei fod yn syniad da cael canolfan y gall plant ysgol fynd iddi i wneud eu gwaith cartref fin nos?

dadfeilio: syrthio i lawr
gwregys: rhwymyn am y canol. Yma, i deithio mewn bws
gwyrth: digwyddiad anodd ei esbonio
llifogydd: dŵr yn llifo dros y tir ar ôl glaw trwm

Adroddiad Papur Newydd

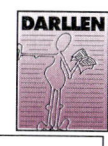

Achubwyd bywyd dyn oedd wedi ei anafu'n ddifrifol ddoe. Mae Raymond, llanc ifanc 15 oed, yn arwr wedi iddo groesi dros reiliau rheilffordd i achub dyn 35 oed oedd yn methu symud ar ôl iddo neidio allan o'r trên.

Rhybuddia heddlu trafnidiaeth na ddylai'r cyhoedd fentro ar reiliau rheilffyrdd. 'Mae'n beth peryglus iawn. Mewn unrhyw argyfwng dylech ffonio'r gwasanaethau achub. Dylem rybuddio pobl o'r perygl.'

Roedd Raymond yn ei wely fore Sadwrn. Deffrodd yn sydyn pan glywodd sŵn fel ergyd o wn. 'Roeddwn i'n meddwl bod rhywun yn cael ei ladd,' meddai. 'Roedd yn rhaid i mi fynd i'w achub. Es allan a gweld dyn yn gorwedd ar reiliau'r rheilffordd. Roedd yn taflu cerrig i geisio denu sylw rhywun. Roedd sŵn y garreg yn taro'r rheilen yn union fel sŵn ergyd o wn. Fe groesais dros y rheiliau, yn ofalus. Roeddwn i'n gwybod mai rheilffordd drydan oedd hi. Doedd gen i ddim dewis ond mynd ato. Roedd mewn perygl.'

Mae'r dyn nawr yn gwella yn yr ysbyty. Llwyddodd Raymond i alw'r gwasanaethau achub.

'Roedd golwg ofnadwy arno, yn grafiadau i gyd a'i ddillad wedi rhwygo. Roedd yn ddryslyd. Bu'n rhaid i mi ei berswadio i fod yn llonydd a pheidio â gweiddi er mwyn iddo arbed ei nerth. Roedd yn rholio nôl at y rheiliau ac roedd yn rhaid i mi ei gadw oddi wrthyn nhw. Roeddwn i'n gwybod beth i'w wneud gan fy mod i wedi bod ar gwrs Cymorth Cyntaf.'

Mae teulu a chymdogion Raymond yn meddwl ei fod yn arwr, 'Rydym i gyd yn falch ohono,' meddai perthynas.

Dywedodd Raymond fod gwraig y dyn wedi anfon llythyr i ddiolch iddo.

Trosiad o adroddiad yn y *Liverpool Daily Post*

argyfwng: y perygl gwaethaf
trafnidiaeth: symudiad cerbydau, llongau, awyrennau

Sut mae ysgrifennu adroddiad i'r papur?
Edrychwch ar batrwm yr adroddiad am Raymond:

▲ mae'r frawddeg gyntaf yn dweud yn gryno beth sydd wedi digwydd

▲ mae'r ail frawddeg yn enwi'r bachgen, sef arwr y stori, ac yn dweud yn fanwl beth oedd y ddamwain

▲ yna, cawn ymateb y gwasanaethau achub — rhybudd rhag ofn i rywun beryglu ei fywyd drwy wneud rhywbeth tebyg yn ddifeddwl

▲ wedyn fe gawn y stori'n llawn a'r arwr yn dweud y stori drosto'i hun

▲ yn olaf cawn wybod beth mae pobl eraill yn ei feddwl am 'arwriaeth' y bachgen.

Felly cawn wybod **beth** sydd wedi digwydd, **pa bryd** y digwyddodd, **ym mhle**, **pwy** oedd yn bwysig yn y stori ac **ymateb** pobl eraill i'r hyn sydd wedi digwydd.

Yn aml, bydd gohebydd yn cyf-weld yr arwr neu rywun fu'n llygad-dyst.

Sylwch ar y gair cyntaf yn yr adroddiad. Ffurf Amhersonol y ferf yw hon — achub**wyd** — sy'n dweud wrthym bod dyn wedi cael ei achub. Dydyn ni ddim yn cael gwybod yn syth pwy sydd wedi achub y dyn.

Mae newyddiadurwyr yn hoffi defnyddio'r ffurf hon. Gall fod yn ddefnyddiol iawn yn enwedig pan nad oes tystiolaeth ddigon pendant i ddweud pwy sydd wedi gwneud rhywbeth:

e.e. Llosg**wyd** tŷ haf ym mhentref Llanfair neithiwr. (Dydyn ni ddim yn gwybod pwy oedd wedi dechrau'r tân).

Anaf**wyd** bachgen oedd yn cerdded drwy stryd gefn yn ninas Caerdydd ddoe. (Dydyn ni ddim yn gwybod pwy oedd wedi anafu'r bachgen.)

Chwiliwch am enghraifft arall o'r Ffurf Amhersonol yn yr adroddiad ac yn yr adroddiadau sydd ar dudalen 69 a'u rhestru.

DARLLEN Mae 3 stori yma. Edrychwch ar y penawdau a dewis y pennawd cywir ar gyfer pob stori:

> Dyw'r to ifanc ddim yn ffit

> Dathlu ym Mhlas Tanybwlch

> Ar y beic

Mae rhieni Cymru yn poeni bod eu plant yn ddiog, yn treulio oriau yn y tŷ o flaen sgrîn deledu neu gyfrifiadur yn lle mynd allan i'r awyr agored i gicio pêl neu redeg. Mae disgyblion ysgol yng Nghymru yn treulio hyd at dair awr y dydd ar y cyfrifiadur, yn ôl yr arolwg. 'Bydd iechyd ein plant yn dioddef yn ddifrifol wrth dyfu'n hŷn,' meddai arbenigwr.

Lansiwyd rhaglen o weithgareddau awyr agored i ddenu plant i fyw bywydau iachach gan y cwmni sy'n cynhyrchu'r ddiod ysgafn *Five Alive*.

Agorwyd Lôn Las Cymru yn swyddogol. Gellwch deithio yn ddiogel ar gefn beic o un pen i Gymru i'r pen arall o hyn ymlaen. Mae'r lôn yn rhedeg o Gaerdydd a Chas-gwent i Gaergybi ac yn cynnwys Llwybr Taf. Mae'n 288 milltir i gyd. Mae *Pecyn y Lôn Las*, sy'n cynnwys mapiau o'r daith, ar gael mewn waled blastig.

Y bwriad yw creu 2,500 milltir o lwybrau heb draffig drwy Gymru, Lloegr a'r Alban erbyn y flwyddyn 2005.

Dathlwyd pen-blwydd 21 oed ym Mharc Cenedlaethol Eryri. Mae'r Ganolfan ym Maentwrog yn rhoi cyfle i bobl ddysgu am bwysigrwydd gwarchod Byd Natur a gwarchod y gorffennol.

Mae ymwelwyr o dramor wrth eu bodd yn yr ardal — yn dotio at brydferthwch dyffryn Maentwrog ac yn mwynhau teithio ar Reilffordd Ffestiniog yn y trên bach.

arolwg: astudiaeth gyffredinol

YSGRIFENNU Ysgrifennwch adroddiad papur newydd ar un o'r eitemau sydd ar dudalen 66. Gallech ddewis eitem oedd ar y tâp fideo. Edrychwch eto ar dudalen 68 i'ch helpu. Ceisiwch ddefnyddio o leiaf un enghraifft o'r Ffurf Amhersonol, **-wyd**.

Darllenwch yr adroddiad papur newydd hwn:

Trasiedi'r Twyni

Claddwyd bachgen 12 mlwydd oed yn nhywod twyni Ynyslas b'nawn Llun. Y diwrnod cynt roedd ei dad wedi ei rybuddio na ddylai dyllu twnnel yn y tywod. Pan gyrhaeddodd Gwasanaethau Achub y traeth roedd pedair awr wedi mynd heibio a doedd neb wedi gweld Mark. Dynion y frigâd dân ddaeth o hyd iddo. Roedd y ci, oedd wedi mynd gyda Mark, yn turio yn ymyl y fan lle roedd y bachgen wedi ei gladdu.

Dim ond ers ychydig ddyddiau roedd ef a'i dad wedi bod yn y fro yn gwersylla. Gobeithiai ei dad gael gwaith yn yr ardal.

Addawodd llefarydd ar ran y Cyngor Gwledig, sy'n berchen ar draeth a thwyni Ynyslas, y bydd arolwg buan i ystyried a oes modd sicrhau na all trychineb o'r fath ddigwydd fyth eto. 'Dylen ni ofalu bod arwyddion ar y twyni i rybuddio pobl o'r perygl,' meddai.

llefarydd: rhywun sy'n siarad dros rywun arall neu dros gwmni, ac ati
turio: gwneud twll drwy balu neu gloddio
trychineb: anffawd sy'n achosi gofid mawr, trasiedi
twyni: twmpathau o dywod

YSGRIFENNU

Rydych wedi darllen dau adroddiad am ddamweiniau a ddigwyddodd yn ddiweddar. Yn y ddau achos dywedwyd y dylai fod yno arwyddion i rybuddio pobl o'r peryglon. Mae llawer o safleoedd yng Nghymru, ar hyd a lled y wlad, sy'n beryglus i ddieithriaid — clogwyni, hafnau ac ogofâu ar yr arfordir, siafftiau a thwneli hen weithfeydd, tomennydd sbwriel y chwareli a'r gwaith glo.

Lluniwch boster i rybuddio dieithriaid o'r perygl mewn rhyw fan arbennig — chi sydd i ddewis y safle.

DARLLEN

Mae llawer o lenorion yn darllen adroddiadau yn y papurau newydd ac yna yn defnyddio'r hanesion i ysgrifennu cerddi neu ddramâu, sgriptiau radio neu deledu, neu storïau. Maen nhw felly yn sôn am ddigwyddiadau cyfoes.

Dyma a ddywedodd un bardd, Nesta Wyn Jones — "Mi fydda i'n gwybod bod 'defnydd cerdd' mewn ambell lyfr . . . Ac mi fydda i'n cadw toriadau papur newydd a lluniau trawiadol."

llenorion: pobl sy'n ysgrifennu gwaith creadigol
toriadau: pethau sydd wedi eu torri allan. Yma o bapurau newydd neu gylchgronau
trawiadol: gair i ddisgrifio rhywbeth neu rywun sy'n denu sylw

Ynyslas

Sylwch fod y rhan gyntaf yn dweud ble y digwyddodd y ddamwain – man mae pawb yn meddwl amdano fel lle hapus.

Traeth euraid y twyni tywod,
paradwys plant hirfelyn oriau haf,
awyr las ddi-gwmwl a'r gwylanod ar adain,
barcutiaid amryliw yn hedfan,
disgyn ac esgyn
'nôl mympwy chwareus y gwynt.

Heddiw, daeth trasiedi'r deuddeng mlwydd
yn staen ar fro breuddwydion.
Twnelodd i grombil y twyni
a mygu dan gwymp y tywod melyn.
Ei ffrind, y ci, yn gwylio a thurio
nes daeth achubwyr
yn rhy hwyr.

Mae'r ail ran yn dweud beth ddigwyddodd yn ôl tystiolaeth yr adroddiad.

Gwyliau a gobeithion a drodd yn hunllef;
tad na all anghofio mwy
blentyn penfelyn,
a thraeth â'i dywod mân
yn lluwchio fel eira
'nôl mympwy di-hidio'r gwynt.

Mae'r rhan olaf yn dweud sut mae'r drasiedi wedi peri i ni feddwl yn wahanol am y 'lle hyfryd' oedd o'r blaen yn ein denu i fwynhau oriau hamdden.

---

barcud/barcut: tegan i'w hedfan
crombil: perfeddion, bol
hafn: hollt yn y tir, ceunant
mygu: mogi, colli anadl a marw
mympwy: chwiw, dymuniad sydyn ac afresymol

YSGRIFENNU

Chwiliwch mewn papur newydd am adroddiad neu lun trawiadol.

Ysgrifennwch nodiadau gan chwilio am atebion i'r cwestiynau – beth?, pwy?, ble?, pryd?

Sut rydych chi'n teimlo ynghylch yr hyn sydd wedi digwydd? – yn drist, yn falch, yn bryderus, yn grac?

Defnyddiwch eich nodiadau i ysgrifennu cerdd, sgript radio neu deledu, neu ddrama. Dyma'ch cyfle chi i ymateb i ddigwyddiad cyfoes.

Atebion i'r Posau a'r Cwis

Tudalen 24

1. **Dan Haul** — pobl sy'n hoffi byd natur
   Sothach — pobl sy'n hoffi canu pop

2. Gwahaniaethau yn y ddau lun
   i. llun gwahanol ar y teledu
   ii. y ddau bapur mewn lleoedd gwahanol
   iii. lluniau dau awdur gwahanol ar gefn y llyfr
   iv. dau o'r nodau cerddoriaeth mewn gwahanol leoliad
   v. patrwm crys y bachgen yn wahanol
   vi. jar i ddal beiros yn llun 1 ond dim un yn llun 2

3. Llanddewi Brefi, Llanfrothen, Llangeitho.

4. PRENTIS, Y WAWR, SOTHACH, LLAFAR GWLAD, GOLWG

4. Abertawe ac Aberystwyth. Gallech enwi Aberdaron, Aberdyfi, Abergwaun . . .

Tudalen 65

mynydd, cloc, tebot, esgid, gwynt, cwpan, haul, afon.

Cwis

1. Yn 1895 mewn caffi ym Mharis. Roedd llun trên yn cyrraedd gorsaf ar y sgrîn. Cafodd thai o'r bobl oedd yn gwylio gymaint o fraw roedden nhw'n sgrialu o'u seddau gan feddwl bod y trên yn mynd i'w bwrw.

2. Charlie Chaplin.

3. Anthony Hopkins.

4. Rolf Harris (un o Gaerdydd oedd ei fam, a'i dad o Ferthyr, yn fab i'r tynnwr lluniau enwog, D.C. Harries. Mae darluniau ei daid yn dangos hanes dyffrynnoedd Tywi ac Aman dros gyfnod o dri chwarter canrif.)

5. Tiger Bay.
6. Suzanne Packer.
7. Huw.
8. Shirley Bassey.
9. Terry Griffiths.
10. Jonathan Davies.